선과 교의 통로

선과 교의 통로

선원제전집도서

규봉종밀 지음

김호귀 옮김

한국학술정보(주)

일러두기

1. 大正新脩大藏經48, pp.397中 – 413中. 明藏本(明 萬力 4년. 1576년 간행)에 의함.
2. 원문 속의 한자 교정은 < > 안에 표기하였다.

머리말

붓다의 가르침은 팔만사천 법문이라 일컬어지듯이 그 설법은 분량과 내용으로 보아도 참으로 방대하다. 따라서 수십 년에 걸친 붓다의 설법은 중국불교에서 교학자들에 의하여 설법의 교리 및 형식 등을 중심으로 체계적으로 구성되었는데 그것이 곧 교상판석(敎相判釋)이었다. 『열반경』, 『법화경』, 『화엄경』 등을 중심으로 한 교판이 대표적이다. 이와 같은 교판은 붓다의 설법을 체계적이고 효과적으로 이해하려는 목적도 있었지만 자파의 우월을 드러내려는 의도가 크게 작용하였다.

넓은 의미에서 보면 선종의 경우 언설로 표현된 붓다의 설법을 모두 교학으로 간주하고 그 언설 이외에 달리 붓다의 정법안장(正法眼藏)을 전승하려고 한 노력도 마찬가지였다. 그러나 이 경우에 교학을 정법안장과 동떨어진 그 어떤 것으로 간주한다면 그 역시 소위 선판(禪判)이라는 범주에 떨어지고 말 것이다. 따라서 보리달마(菩提達磨)는 먼저 경전의 가르침에 의거하여 자신의 본성이 청정함을 심신(深信)한 연후에 비로소 선수행을 통하여 깨침을 터득해야 한다는 자교오종(藉敎悟宗)을 말하였다.

당나라 시대에 이와 같은 입장을 가장 잘 대변해 주고 있는 책이 규봉종밀(圭峯宗密: 780~841)의 『도서』였다. 종밀의 사상적인 특징을 전수전간(全收全揀)이라 말하듯이 모든 교학을 끌어들여 자신의 안목에 근거하여 그 깊고 얕음을 중심으로 밀의의성설상교(密意依性說相敎)·밀의파상현성교(密意破相顯性敎)·현시진심즉성교(顯示眞心卽性敎)의 삼교(三敎)로 대별하였다. 나아가서 선종에 대해서는 그 종지를 중심으로 식망수심종(息妄修心宗)·민절무기종(泯絶無寄宗)·직현심성종(直顯心性宗)의 삼종(三宗)으로 분류하였다. 이로써 종밀은 각각 교학과 그에 상응하는 선의 종지를 배대하였다. 이것은 필연적으로 선의 경우 교학이 배제된 선이 아니라 교학을 바탕으로 한 선이 되지 않으면 안 된다는 주장의 표출이기도 하였다. 선종의 역사에서도 출가하여 먼저 교학(敎學) 및 율학(律學)의 연찬을 통하여 올바른 안목을 구비한 연후에 좌선수행에 입문하는 것이 보편적인 모습이었다.

종밀의 계보는 교학의 측면으로는 중국 화엄종의 두순(杜順) – 지엄(智儼) – 법장(法藏) – 징관(澄觀) – 종밀(宗密)로 이어지는 제5조의 종사이면서, 선종의 측면으로는 신회(神會) – 법여(法如) – 남인(南印) – 도원(道圓) – 종밀(宗密)로 이어지는 하택종의 제5대의 조사이다. 이와 같은 개인의 입장을 반영하기라도 하듯이 종밀은 『도서』를 통하여 교학에서는 현시진심즉성교(顯示眞心卽性敎)의 화엄교학과, 선의 종지에서는 직현심성종(直顯心性宗)의 하택종을 들어서 각각 가장 우수한 교학과 선의 종지로 간주하였다.

그러나 종밀이 선과 교학을 체계적으로 결부시킨 궁극적인 이유 가운데 하나는 선법의 근원이 어디에 있고 어떤 선법에 근거해야 하는가를 설명하려는 것이었다. 그런 만큼 『도서』에서는 선과 교학의 관계를 통하여 교학에 근거한 선법 내지 선법을 지향한 수심(修心)의 원리로 『대승기신론』에 나타난 마음의 구조를 설명하였다.

이로써 『도서』의 성격은 분명하다. 선은 부처님의 마음이고 교는 부처님의 말씀이라는 종밀의 표현처럼 선의 종지와 교학은 서로 불가분의 관계에 있음을 드러내어 올바른 안목에 근거한 바른 수행과 바른 수행을 통하여 바른 깨침으로 나아가는 길을 제시하였다. 때문에 배휴(裴休: 791~864)는 그 서문에서 "세존께서는 교법을 천양하신 교주이고, 규봉 대사께서는 교법을 회통시킨 스승이다."라고 찬탄하였다. 이런 점에서 『도서』는 부처님의 말씀으로 선의 종지를 증명한 셈이었다.

2010년 3월

옮긴이 김호귀

차례

『禪源諸詮集都序』卷下之二

1. 시대적인 배경

　圭峯宗密(780~841)이 살았던 시기는 당나라의 중앙집권적인 권위가 붕괴된 계기였던 安史의 亂(755~763) 이후에 해당한다. 이로써 중앙의 지배체제가 느슨해져 절도사의 권력이 증대하면서 지방분권의 시대를 초래하였다. 이러한 상황은 사상계에서도 마찬가지로 중세시대에 부응하는 인간의 자각이 싹트기 시작하였다. 불교의 상황은 수 및 당 초기의 교학불교에서 실천불교로 이행되는 시기에 해당한다.

　선종의 경우 6세기 초반 보리달마가 중국에 도래한 이후 제4조 및 제5조의 東山法門을 비롯하여 소위 중국적인 종교로서 그 틀을 형성해 나아가기 시작하였다. 동산법문은 수도를 중심으로 하여 황실과 귀족의 귀의를 받은 神秀(606~706)의 계통과 지방의 농촌사회를 배경으로 착실하게 세력을 확장했던 慧能(638~713)의 계통으로부터 토착적인 기반이 확립되어 갔다. 특히 제4조 도신의 문하에서 형성된 우두종은 제1조 牛頭法融(594~657), 제2조 智嚴(575 혹은 577~654), 제3조 慧方(629~695), 제4조 法持(635~702), 제5조 智威(646~722), 제6조 慧忠(683~769)으로 전승되었다. 또한 法朗은 최초로 동산법문의 선법을 해동에 전래하여 이후 신라선법의 남상이 되었다. 제5조의 문하에는 慧安(582~709), 智詵(609~702), 處寂(665~732), 無相(684~762), 無住(714~774), 南嶽承遠(712~802) 등이 있는데, 여기에서는 염불선의 계통도 전개되어 갔다.

그러나 8세기 중반을 고비로 혜능 계통의 소위 남종의 세력이 크게 전개되었다. 혜능의 문하에서는 南嶽懷讓(677~744)과 靑原行思(?~740)의 두 계통이 번성하였다. 전자로부터는 洪州宗이 그리고 후자로부터는 石頭宗이 발전하여 이후 조사선의 발전을 이끌었다.

2. 규봉 종밀의 생애

『도서』가 출현하던 즈음 唐의 역사는 安史의 난(755~763) 직후로서 정치적으로는 중앙의 지배체제가 이완되고 절도사들의 권력이 강성해지는 시기였다. 이 무렵 불교의 상황은 인간의 자각의식이 팽배해지면서 기존의 불교로부터 현실을 긍정하는 실천불교로 이행되어 갔다. 따라서 교학적인 불교

의 쇠퇴와 더불어 선종을 비롯한 밀교와 정토 등이 크게 주
목되었다.

종밀의 생애에 대한 자료는 배휴가 찬술한『圭峯禪師塔
銘幷序』(『全唐文』 권743 ·『金石萃編』 권114), 『宋高僧傳』
권6, 『佛祖統紀』 권29, 『佛祖歷代通載』 권16, 『隆興佛敎
編年通論』 권25, 『景德傳燈錄』 권13 등이 중요하다.

종밀은 당나라 덕종 건중 원년(780)에 果州 西允縣(사천
성 성도의 동쪽)에서 태어났다. 7세부터 16~17세까지 유학
을 공부하였다. 18~19세부터 21~22세까지 3년 동안은 재
가의 신분 그대로 불교의 경론을 공부하였다. 23서부터 2년
동안은 다시 遂州(사천성 涪江의 서쪽) 義學院에서 유학을
연구하였다. 25세 때 道圓和尙을 만나 출가하고 그의 제자
가 되었다. 종밀은 사미시절에『원각경』을 보고 깨침을 터
득했다고 한다. 그 후에 종밀은 수년 동안『원각경』및 그
注疏인『惟慤法師疏』·『悟實禪師疏』·『堅志法師疏』·『道
詮法師疏』를 공부하였다. 원화 3년(808) 구족계를 받고 도
원의 휘하를 떠나 荊南張을 참문하였다.[1] 형남장의 가르침
을 받고 帝都에 나아가 낙양의 神照禪師(776~838)를 참문
했다.[2]

종밀은 화엄종 제4조 청량징관을 만나면서부터 본격적으
로 화엄교학에 힘썼다. 징관의 제자인 靈峰은 징관의『華嚴

---

[1] 형남장은 성도부 원화 성수사에 주석하고 있던 사람으로 정중사 신호의 제자이다.

[2] 신조는 하택신회의 제자인 황룡산 惟忠의 제자이다. 그 법계는 신회 − 유충 −
신조이다. 낙양 보국사에 주석하고 있었기 때문에 東京神照라 불렸다.

大疏』 20권,『大疏抄』 40권을 종밀에게 전수하였다. 이로써 징관에게 사사한 인연이 시작되어 811년부터 2년 동안 징관으로부터 화엄을 배웠다. 816년에 장안의 남방에 있는 종남산 智炬寺에 주석하며『圓覺經科文』 1권,『圓覺經纂要』 2권을 저술하였다. 819년 이후『金剛經疏論纂要疏』 1권,『金剛經疏』 1권,『大雲經疏』,『肇論注疏』 등을 저술하였다. 42세 때 종남산 초당사에 퇴거하였다. 이후 3년 동안 대장경을 열람하고『원각경』에 심혈을 기울였다. 822년부터 3년간에 걸쳐『圓覺經大疏』 12권,『圓覺經大疏抄』 13권,『圓覺經略疏』 4권,『圓覺經略疏抄』 12권,『圓覺經道場修證儀』 5권 등을 저술하였다. 기타『起信論注疏』 4권,『盂蘭盆經疏』 2권,『華嚴經行願品疏科』 1권,『華嚴經疏鈔』 6권,『注華嚴法界觀門』 1권,『注華嚴法界觀科文』 1권,『華嚴心要法門注』 1권 등을 저술하였다.

태화 2년(828) 문종에게서 紫方袍를 하사받고 大德이라는 호를 받았다. 829년부터 2~3년 동안은 성내에 주석하다가 831년 내지 832년에는 다시 초당사로 돌아왔다. 이를 전후하여 배휴의 부탁을 받고『中華傳心地禪門師資承襲圖』를 저술하였다. 833년 이후에는『도서』를 저술하였다. 839년에 스승인 청량징관이 시적하고, 종밀은 841년 정월 6일 興福院에서 입적한다. 62세였다.

3. 『도서』의 위상

『도서』는 선종 각파의 가치체계를 형성한 저술로서 일종의 禪相判釋의 확립이라 할 수 있다. 선종에서는 『楞伽師資記』, 『傳法寶紀』를 비롯하여 『祖堂集』, 『寶林傳』, 『景德傳燈錄』 등 수많은 燈史類가 있지만 8세기부터 9세기 초에 걸쳐 각 종・파의 상황을 역사적으로 기록한 문헌은 거의 없고 『都序』 및 『承襲圖』가 대표적인 문헌이다.

중국불교의 특색 가운데 하나로 隋代부터 唐初에 걸쳐 중국불교가 형성되어 가던 과정에서 제종에 공통으로 나타나는 것은 경전의 가치체계를 정하려 했던 教相判釋이다. 가령 천태종에서는 『법화경』, 화엄종에서는 『화엄경』, 법상종에서는 『해심밀경』 등을 근거 및 기준으로 삼아 일체의 경전에 단계를 매겨 가치체계를 만들었다. 천태종의 五時八敎와 화엄종의 五敎十宗이 그것이다.

천태종의 五時八敎는 석가일대의 설법의 순서를 오시로 나누고, 가르침의 내용 및 형식을 팔교로 분류한 것이다. 오시는 華嚴時, 鹿苑時, 方等時, 般若時, 法華涅槃時인데 각각 석존이 순차적으로 『화엄경』, 『아함경』, 『유마경』, 『반야경』, 『법화경』, 『열반경』을 설했다고 한다. 또 팔교는 化儀四敎와 化法四敎를 말한다. 이 가운데 특히 가르침을 받아들이는 측의 성질과 능력에 따라서 가르침을 설한 화법사교는 (1) 소승교의 가르침을 설한 삼장교, (2) 성문・연각・보살의 삼승에 통하는 통교, (3) 보살만의 가르침으로 다른 삼교와는 다른 별교, (4) 불의 깨침 그대로를 설한 완전한 가르침인 원교 등이다. 이것은『법화경』이야말로 원교 가운데 최고위를 점유하고 있다고 설명한다.

화엄종의 五敎判이란 小乘敎·大乘始敎·大乘終敎·大乘頓敎·大乘圓敎의 다섯을 말한다. (1) 소승교는 경전으로는『俱舍論』으로 대표되는 가르침으로 천태종의 장교에 해당한다. (2) 대승시교에는 空始敎와 相始敎의 둘이 있다. 空始敎는『般若經』과 중관불교를 가리키고, 相始敎는『解深密經』에 근거한 유식불교를 가리킨다. (3) 대승종교는『勝鬘經』,『如來藏經』,『大乘起信論』 등에 설해진 여래장사상으로서 대승에서 종극의 가르침이다. (4) 대승돈교는 돈오성불을 설한『維摩經』의 不二法門이 이에 해당한다. 淸凉澄觀은 특히 이 돈교를 선종에 배대하고 있다. (5) 대승원교는 최고의 원만한 가르침으로『華嚴經』의 중중무진의 가르침이 이에 해당한다. 이것을『도서』의 내용에 비추어 보면 다음과 같다.

<pre>
敎의 三敎   화엄의 오교판
(1) 密意依性說相敎
    ① 人天因果敎
    ② 斷惑滅苦敎 － － － － － 小乘敎
    ③ 將識破境敎 － － － － － 大乘始敎 속의 相始敎
(2) 密意破相顯性敎 － － － 大乘始敎 속의 空始敎
(3) 顯示直心卽性敎 － － － 大乘의 終敎·頓敎·圓敎
</pre>

이처럼 종밀은 화엄의 오교판에 입각하면서 교의 삼종의 체계를 내세웠지만 실은 교상판석 그 자체를 만들려는 것이 목적이 아니라 선의 삼종의 가치체계를 만들려는 것이 그 목적이었다. 당시에 남종·북종·우두종·홍주종·하택종 등에 대하여 선의 각 종의 교의를 정리하고 하나의 기준에 근거하여 선의 각 종의 가르침의 가체체계를 만들려는 것이 종밀의 의도였다. 그 때문에 필요한 것이 교의 삼교의 체계였다.

교의 삼교와 선의 삼종은 (1) 將識破境敎와 息妄修心宗(北宗) (2) 密意破相顯性敎와 泯絶無寄宗(牛頭宗) (3) 顯示直心卽性敎와 直顯心生宗(洪州宗·荷澤宗)으로 배대된다. 여기에서 여래장불교를 대표하는 『원각경』과 『화엄경』의 교설을 유식과 공관보다도 우위에 둔 것은 화엄종의 오교판의 영향이었다. 유식불교의 아말라식은 妄識으로 자성청정심이 아니다. 또한 공관불교는 일체가 공하다고 간주하기 때문에 절대적인 理心·眞心을 결여하고 있음에 비하여 여래장불교는 이심과 진심을 내세우기 때문에 보다 뛰어나다는 것이다.

진심과 이심은 하택종의 空寂知에 통하는 것이므로 하택종을 최고위에 둔 것은 진심과 이심을 아무래도 진심즉성교 곧 하택종으로 간주하지 않으면 안 되었기 때문이다. 유식불교와 공관불교가 여래장불교와의 차이점 및 그 우열의 문제는 비교적 용이하게 이해할 수 있음에 비하여 공종과 성종의 차별 및 그 우열은 간단하게 결정할 수가 없다. 그래서 종밀은 공종과 성종의 同異의 문제를 상세하게 논하였다. 그것이 『도서』에 설해진 공종과 성종의 10가지 차이점의 강조였다. 그에 의하여 진심즉성교가 파상현성교보다 뛰어나다는 논거를 삼았다.

교의 삼교의 가치체계에 근거하여 선의 삼종의 우열을 정한 것이 종밀의 견해로서 (1) 장식파경교와 식망수심종(북종) (2) 파상현성교와 민절무기종(우두종) (3) 진심즉성교(홍주종)와 직현심성종(하택종)이었다. 이리하여 종밀은 하택종의 우위를 확립하려고 한 것이다. 그래서 종밀은 직현심성종의 설명에서 "심성을 가리키는 것에도 두 가지 부류가 있다."고 하여 최초에는 홍주종을 설하고, 다음으로 하택종을 설하며, 최후로 "그렇지만 이 두 종파는 모두 相을 會하여 性으로 歸한다. 때문에 동일한 宗이다."라고 결론을 맺었다.

종밀은 당시 융성한 세력을 구가한 홍주종에 비하여 하택종의 우위를 주장하지 않으면 안 되는 입장이었다. 하택종과 홍주종을 어떤 기준에 의하여 정리하고 그 우열을 확정할 것인가 하는 것이 종밀에게 부여된 다음의 과제였다. 그래서 종밀은 『禪門師資承襲圖』에서 두 종의 우열을 확정하기 위하여 『기신론』의 불변과 수연의 사상 및 돈오와 점수의 二門의 해석에 의하여 두 종의 상위점을 밝히려고 하였다.

우선 언어동작의 모두를 불성의 현현으로 간주하는 홍주

종의 사고방식을 검토한다. 종밀은 하택종과 홍주종의 차이를 분명히 하려고 세 가지 점으로 해명하였다. 첫째는 자성의 本用과 수연의 應用이라는 점으로 보았다. 홍주종은 수연의 응용만을 설함에 비하여 하택종은 자성의 본용을 설한다고 말한다. 자성의 본용이란 하택종의 空寂知를 말하고, 수연의 응용이란 홍주종에서 설한 불성의 전체 작용으로서 곧 일체의 所作을 말한다. 둘째는 比量과 現量이라는 점으로 보았다. 홍주종은 比量에만 의거하여 불성을 推知하는 것에 그치는 반면 하택종은 불성을 現量에 의하여 直覺한다는 것이다. 셋째는 돈오와 점수의 측면으로 보았다. 홍주종은 모든 번뇌를 불성의 전체 작용으로 간주하기 때문에 수행의 필요성이 없어 점수를 인정하지 않음에 비하여 하택종은 돈오와 함께 점수를 주장하여 수행의 필요성을 설한다는 것이다. 종밀은 이 세 가지 점에서 홍주종보다 하택종이 뛰어나다는 것을 주장한다.

이처럼 북종·우두종·홍주종·하택종의 각 종에 대하여 深淺高低를 매겨서 당시 선의 각 종에 대한 禪相判釋을 행했다는 것에 『도서』의 사상사적 의의가 있다. 이르써 수대부터 당 초에 걸쳐 성립된 중국불교 제종이 경전의 가치체계를 수립한 것에 비하여 종밀은 선종 제 종파의 가치체계를 확립하려고 한 것이다.[3]

---

3) 鎌田茂雄, 『禪源諸詮集都序』(『禪の語錄』 9. 筑摩書房. 1981), pp.361 - 370.

：『禪源諸詮集都序』敍

唐綿州刺史裴休述

　圭峰禪師集禪源諸詮爲禪藏而都序之。河東裴休曰。未曾有也。自如來現世隨機立敎。菩薩間生據病指藥。故一代時敎。開深淺之三門。一眞淨心。演性相之別法。馬龍二士。皆弘調御之說。而空性異宗。能秀二師。俱傳達磨之心。而頓漸殊稟。荷澤直指知見。江西一切皆眞。天台專依三觀。牛頭無有一法。其他空有相破。眞妄相收。反奪順取。密指顯說。故天竺中夏其宗實繁。良以病有千源藥生多品。投機隨器不得一同。雖俱爲證悟之門。盡是正眞之道。而諸宗門下通少局多。故數十年來師法益壞。以承稟爲戶牖。各自開張。以經論爲干戈。互相攻擊。情隨函矢而遷變。(孟子曰。矢人豈不仁於函人哉。函人唯恐傷人。矢人唯恐不傷人。蓋所習之術然也。今學者但隨宗徒彼此相非耳。函字。唐韻。從金函者。鎧甲也。周禮。函人爲甲。卽造甲之人。古字多單爲之。故孟子亦單作)法逐人我以高低。是非紛拏莫能辨析。則向者世尊菩薩諸方敎宗。適足以起諍。後人增煩惱病。何利益之有哉。圭峰大師久而歎曰。吾丁此時不可以默

矣(仲尼刪詩書正禮樂。皆不得已而爲之。故述而不作。乃聖
人貴道不貴跡。意道吾久修當宗佛法。今忽和會諸宗。豈欲
立跡哉。不得已也。丁當也。正當須和會之時也)於是以如來
三種敎義。印禪宗三種法門。融瓶盤釵釧爲一金。攪酥酪醍
醐爲一味。振綱領而擧者皆順(荀子云。如振裘領屈五指而頓
之順者不可勝數也)據會要而來者同趣(趣字平聲呼之。周易略
例云。據會要以觀方來。則六合輻輳。未足多也。都序據圓
敎以印諸宗。雖百家亦無所不統也)尚恐學者之難明也。又復
直示宗源之本末。眞妄之和合。空性之隱顯。法義之差殊。
頓漸之異同。遮表之迥互。權實之深淺。通局之是非(此下歎
敍述顯明而丁寧。欲人悟也)莫不提耳而告之(毛詩云。匪面命
之言提其耳。當時疾彼人不修德荒亂。言我不對面向汝說。
又提耳起耳。就耳邊告汝。汝終不改也。意說丁寧之甚)指掌
而示之(論語云。知其說者之於天下也。其如視諸斯乎指其
掌。言夫子語了指自手掌示弟子。言見此事分明。如掌中之
物易了)嚬呻以吼之。愛軟以誘之(此不＜不－？＞下歎慈悲憂
念。如養赤子也)。乳而藥之。憂佛種之夭傷也(無少善根而作
闡提。是夭傷也)。腹而擁之(毛詩云。腹我顧我。言慈母念幼
子。腹中抱我。暫起去又回頭顧我念惜之深也)。念水火之漂
焚也(欲是水火)[4] 挈而導之懼邪小之迷陷也(旣有善根。又離

---

4) 乾隆 5年(1740)平安道寧邊普賢寺刊本(東國大學校所藏. 現 韓國佛敎全書 제
9권 수록)에는 "腹而擁之 念水火之漂焚也"에 대한 주석은 "腹은 품에 안아 준
다는 뜻이다. 자식이 태어나 3년이 지나면 부모의 품을 벗어나게 되는 즈음에는
물에 떠내려가고 불에 데는 염려가 없어진다. 그러나 이제 사람들이 점점 자라서
오욕락에 빠지게 되는데 그것을 물에 떠내려가고 불에 데는 염려로 비유한 것이
다. 腹 抱也 子生三年然後 免於父母之懷 無水火之慮 今人稍長大沉於五欲
是水火也"이다.

五欲。復恐不入於大乘也）揮而散之。悲鬥爭之牢固也。大明
不能破長夜之昏。慈母不能保身後之子(此下歎悲智與佛同
也。佛日雖盛。得吾師然後回光曲照。佛慈悲雖普。得吾師
然後弘益彌多）若吾師者。捧佛日而委曲回照。疑暗盡除。順
佛心而橫亘大悲。窮劫蒙益。則世尊爲闡敎之主。吾師爲會
敎之人。本末相扶。遠近相照。可謂畢一代時敎之能事矣(自
世尊演敎至今日。會而通之。能事方畢)。或曰。自如來未嘗
大都而通之。今一旦違宗趣而不守。廢關防而不據無。乃乖
祕藏密契之道乎。答曰。佛於法華涅槃會中。亦已融爲一
味。但昧者不覺。故涅槃經。迦葉菩薩曰。諸佛有密語無密
藏。世尊讚之曰。如來之言。開發顯露淸淨無翳。愚人不
解。爲之祕藏。智者了達則不名藏。此其證也。故王道興則
外戶不閉而守在戎夷。佛道備則諸法總持而防在魔外(涅槃圓
敎和會諸法。唯簡別魔說及外道邪宗耳）不當復執情攘臂於其
間也。嗚呼後之學者。當取信於佛。無取信於人。當取證於
本法。無取證於末習。(都序。以佛語印諸宗以本法照偏說。
故丁寧勸其深信)　能如是則不孤圭峰劬勞之德矣(哀哀父母生
我劬勞。吾師之德。過於是矣。後之人觀其法而不生悲感。
木石無異。且須保重也)

『선원제전집도서』 敍[5]
당 금주의 자사 배휴[6]가 서술하다.

---

5) 明藏本(明 萬力 4년. 1576 간행)에 의함.

6) 裴休(791~864)는 선종황제 시절에 재상을 지내면서 큰 공적을 남겼다. 유학자
　　이면서 독실한 불교신자였다. 규봉 종밀(780~841), 동경 봉선원 원소(811~
　　895), 청량징관(738~839), 경사 대안국사 단보(781~836), 경산지현(809~

규봉 선사가 선의 근원에 대한 모든 기록을 집성하여 선장을 만들고 그에 서문을 붙였다. 이에 하동의 배휴는 "일찍이 없었던 것이다."라고 달했다. 여래는 세상에 출현하여 근기에 따라 가르침을 내세웠고, 보살은 때때로 세상에 와서 병에 따라 약처방을 주었다. 때문에 불보살은 일대시교에 대해서는 심천에 따라 삼문으로 나누었고, 하나의 眞淨心에 대해서는 성상의 법으로 나누어 펼쳤다. 馬鳴大士와 龍樹大士는 모두 부처님의 설법을 널리 펴서 공종과 성종으로 종지를 달리하였고, 대통신수와 대감혜능은 함께 달마의 심법을 전하여 돈과 점으로 전승방식을 달리하였으며, 하택신회는 지견을 직지하였고, 강서의 마조도일은 일체가 모두 진리임을 말하였으며, 천태지의는 삼관에 의거하였고, 우두는 일법도 없음을 말하였다. 기타 공과 유로 서로 타파하고 진과 망으로 서로 섭수하면서 반박과 부정 내지 인정과 수순하면서 은밀하게 가리키는가 하면 드러내어 설하기도 하였다. 때문에 인도와 중국에 그 종지가 실로 번성하였다.

진실로 병이 천 가지라면 약 또한 많이 생겨나야 한다. 그래서 근기와 능력에 따른 방편의 시설이 동일하지 않다. 비록 증오의 문을 갖추어 그것이 모두 보리[正眞之道]였다 할지라

----

881), 보수원 신지(819~886), 위산영우(771~853), 황벽희운, 천경초남(813~888) 등과 교류를 가졌다. 또한 종밀의 『禪源諸詮集都序』 및 『圓覺經略疏』에 서문을 쓰고, 황벽의 『傳心法要』의 서문을 썼다. 특히 종밀과의 관계는 『都序』의 서문을 쓰고, 『圭峯禪師碑銘幷序』를 찬술하는 등 자못 깊었다. 그는 교선일치 및 제종융합을 표방한 종밀의 불교를 높이 평가하였다. 『舊唐書』 권177 및 『新唐書』 권182를 비롯하여 『傳燈錄』 권12, 『聯燈會要』 권8 『五燈會元』 권4, 『佛祖歷代通載』 권17, 『居士分燈錄』 권상, 『居士傳』 권4 등에 그 기록이 전한다. 龐蘊居士, 無盡居士 張商英, 東坡居士 蘇軾, 李翶居士 등과 더불어 중국불교의 대표적인 거사로 널리 알려진 인물이다.

도 제종의 경우에 비추어 보면 부분에만 통하고 전체에는 막혔다. 그래서 수십 년 동안 부처님의 법이 더욱 무너지고 자신이 배운 바를 기준으로 각자 주장을 펴고 그 경론으로 무기를 삼아 서로 공격하였다. 사람이란 자기의 감량(勘量)에 따라 변하는 법이다(맹자가 말했다. "화살을 만드는 사람이 어찌 갑옷을 만드는 사람보다 어질지 않다고 할 수 있겠는가. 갑옷을 만드는 사람은 오직 사람이 상처를 입을 것을 염려하고 화살을 만드는 사람은 오직 사람에게 상처를 입히지 못할 것을 염려하는 것이다."7) 대개 익힌 바 기술이 그렇게 만드는 것이다. 오늘날의 학자들은 단지 자기네 종지와 무리들만 따라 피차간에 서로 그르다고 말할 뿐이다. 函이란 글자는 당나라 소리이다. 금속으로 만든 함은 갑옷을 가리킨다. 그래서 갑옷을 만드는 사람이 된다. 『周禮』에서는 函人을 갑옷으로 보았으므로 곧 갑옷을 만드는 사람이 된다고 말한다. 그러나 古字에서는 대개 홑글자로 사용했으므로 맹자 또한 홑으로 函人을 函이라고 표현하였다).

법이 나와 남을 따라 높아지기도 하고 낮아지기도 하여 시비가 어지럽게 뒤섞여 변별할 수 없게 만들어서는 안 된다. 그리되면 옛날 세존과 보살이 제방에서 가르친 종지가 그에 따라 다툼을 일으켜 후인들에게 번뇌를 증장시킬 뿐이니 무슨 이익이 있겠는가.

규봉 대사가 오랜만에8) 다음과 같이 탄식하였다. "내가 이

---

7) 『孟子』 公孫丑章句 上(東陽古典國譯叢書 2. 縣吐完譯 『孟子集註』. 成百曉 譯註. 傳統文化硏究會. 1993년), pp.105－106 참조.

8) 서로 다투느라 시비분별이 일어난 지 오랜 세월이 지나 규봉 시대에 이르러 규봉 종밀이 그에 관하여 침묵을 깨뜨린 것을 가리킨다.

런 시대에 침묵할 수만은 없다.”

(공자가 詩·書를 짓고 禮·樂을 갖춘 것은 모두 부득이하게 한 것이다. 때문에 말은 했지만 책을 저작하지는 않았다. 이에 성인은 道를 귀하게 여겼지 跡을 귀하게 여기지는 않았다. 나는 道에 뜻을 두고서 불법의 종지를 터득하려고 오랫동안 수행하였다 그러나 이제 홀연히 諸宗의 和會를 보았으니 立跡하려는 것이 어찌 부득이한 일이겠는가. 丁當하고 正當한 일이다. 그러므로 도름지기 이제 和會해야 할 떠이다.)

이에 여래의 세 가지 종류의 교의9)가 선종의 세 가지 종지의 법문10)에 계합됨을 보였다. 이것은 금병·금쟁반·금비녀·금팔찌를 녹여 동일한 금으로 만들고, 酥·酪·醍醐를 뒤섞어 같은 맛이 나는 우유를 만든 것과 같다. 강령을 흔들어 들면 전체가 따르고(순자는 “마치 옷깃을 흔들어 드는 것과 같다. 다섯 손가락을 구부려 한 번에 잡으면 전체가 따른다.”고 말했다. 이와 같은 예는 대단히 많다), 중심에 의거하여 모여드는 것은 목즈[趣]이 동일한11) 것과 같다(趣字는 평성이다. 『주역약례』에는 “會要에 의거하여 사방에서 몰려드는 것을 보자면 곧 六合으로부터 輻輳하는 경우도 그다지 많다고 할 수는 없다.”는 말이 있다. 『도서』는 원교에 의거하여 제종을 확정한다. 비록 百家라 할지라도 역시 통어되지 않는 바가 없다).

규봉 대사께서는 이런 점에 대하여 학자라도 설명하기 어려운 것임을 염려하였다. 기에 다시 宗源에 대한 本·末, 眞·妄

---

9) 密意依性說相敎·密意破柜顯性敎·顯示眞心卽性敎의 교의 三敎를 가리킨다.

10) 息妄修心宗·泯絶無寄宗·直顯心性宗의 선의 三宗을 가리킨다.

11) 중심부로 모여든다는 그 이유가 동일하다는 것을 가리킨다.

의 화합, 空·性의 隱·顯, 法·義의 差殊, 頓·漸의 異·同, 遮·表의 迴互, 權·實의 深·淺, 通·局의 是·非 등을 直示하였다(이하에서는 이에 대한 서술이 자세하면서도 고구 정녕하게 사람들로 하여금 깨침에 나아가도록 하는 것을 찬탄한다). 그리고 귀에 바싹 대고 알려 주고, 직접 설명해 주지 않음이 없으며(오호라, 어린이여. 좋고 나쁨을 알지 못하는가. 손으로 잡아 줄 뿐만 아니라 일로 보여 주고, 대면하여 가르쳐 줄 뿐만 아니라 그 귀를 잡고 말해 주노라. 설령 자식이 없다 하나 또한 이미 아들을 안고 있도다. 사람들이 자만하지 않는다면 누가 일찍 알고 늦게 이루리오.12)) 손가락으로 직접 가리키면서 보여 주었으며(『논어』에서 "그 내용을 아는 자는 천하를 다스림에 있어 여기에다 올려놓고 보는 것과 같을 것이라고 말하고는 그 손바닥을 가리켰다."고 말한다. 공자의 이 말은 자기의 손바닥을 가리키듯이 분명하게 제자에게 제시하는 것을 뜻한다13)), 위엄이 있게 설명해 주고, 자상하게 이끌어 주며(이하 부분은 규봉 선사의 慈悲와 憂念이 마치 갓난아이를 기르는 것처럼 자상하다는 것을 찬탄한 것이다), 젖을 주고 약을 준 것은 佛種이 夭傷되지 않도록 염려하였다(조금의 선근도 없어 一闡提가 되는 것이 夭傷이다). 또한 안아 주고 품어 준 것은(나를 품에 안고 나를 돌봐 주는 것은 자애로운 어머니가 어린아이를 염려하는 것을 말한다. 품 안에 나를 품어 주었다가 잠시 일어나 몇 걸음 가다가 다시 고개를 돌려

---

12) 『詩經』 卷18. 蕩之什(東陽古典國譯叢書 5. 縣吐完譯 『詩經集傳』 下. 成百曉 譯註. 傳統文化硏究會. 1993년). pp.297 - 298 참조.

13) 『論語』 卷3(東陽古典國譯叢書 1. 縣吐完譯 『論語集註』 成百曉 譯註. 傳統文化硏究會. 1992년). p.58 참조.

나를 바라보는 것은 나를 아껴 주는 은혜가 깊은 것을 말한
다) 물에 떠내려가고 불에 데는 것을 염려한 것이고(五欲을
의미하는 물과 불의 재난으로부터 보호하려는 것이다), 끌어당
겨 안내해 준 것은 사견으로 소승의 미혹에 빠질 것을 걱정한
것이며(이미 선근을 갖추고 있고 또한 오욕락을 벗어나 있더
라도 대승에 들어가지 못할까를 염려하는 것이다), 손을 내저
어 흩어지게 한 것은 끊임없이 투쟁하는 것을 불쌍하게 본 것
이었다.

밝은 태양도 긴 밤의 어둠은 물리칠 수가 없고, 자비로운
어머니도 죽은 자식을 지켜 줄 수는 없다(이하 부분은 규봉
스님의 悲・智가 부처님과 똑같음을 찬탄한 것이다. 부처님의
광명이 비록 치성하더라도 규봉 스님을 만난 연후에야 비로소
부처님의 광명을 거두어 자세하게 비출 수가 있었고, 부처님
의 자비가 비록 넓다 해도 규봉 스님을 만난 연후에야 비로소
부처님의 자비를 통하여 널리 그리고 많이 이익을 베풀 수가
있었다). 그런데 우리의 규봉 대사께서는 부처님의 지혜를 받
들어 자세하게 돌이켜 비추어 의심의 구름을 제거하고 불심을
따라 대비를 펴서 궁겁토록 이익을 베풀어 주셨다. 곧 세존께
서는 교법을 천양하신 교주이고, 규봉 대사께서는 교법을 회
통시킨 스승이다. 이야말로 본・말이 서로 부합하고, 원・근
이 서로 비춘 것으로 가히 一代時敎의 능사를 마친 것이라
할 수 있다(세존이 교법을 펼친 때부터 오늘에 이르기까지 그
것을 모두 회통하여 능사를 마쳤다).

묻는다 : 여래가 출현한 이래로 그 가르침을 아직껏 모두
모아서 회통한 적이 없었다. 그런데 지금 하루아침에 여래의

종취를 거슬러 지키지 않고 규범을 무너뜨려 따르지 않는다면 그것은 곧 祕藏密契의 道에 어그러지는 것이 아닙니까.

　답한다 : 부처님은『법화경』에서만이 아니라『열반경』에서도 역시 일미로 화합하였다. 다만 어리석은 자가 그것을 모르고 있을 뿐이다. 때문에『열반경』에서는 다음과 같이 말한다. "그때 가섭보살이 부처님께 사뢰어 말씀드렸다. '세존이시여, 부처님께서 설하신 바처럼 제불세존에게 비밀장이 있습니다. 그러나 뜻인즉 그렇지 않습니다. 왜냐하면 제불세존에게는 오직 밀어만 있을 뿐이지 밀장은 없기 때문입니다. 비유하면 마술사가 부리는 꼭두각시와 같습니다. 구경하는 사람들에게 꼭두각시가 몸을 구부리고 펴며 고개를 쳐들고 숙이는 모습만을 보여 줄 뿐이지 그 속에서 그렇게 하도록 조종하는 것을 알도록 해서는 안 됩니다. 그러나 불법은 그와는 달리 모든 중생들로 하여금 다 지견을 터득하도록 합니다. 그런데 어찌 제불세존에게 비밀장이 있다고 말할 수 있겠습니까.' 부처님께서 가섭을 찬탄하셨다. '그래, 바로 그렇다. 선남자여, 그대가 말한 바처럼 여래에게는 실로 비밀장이 없다. 왜냐하면 마치 가을날 밤에 보름달이 허공에 밝게 드러나 있는 것과 같다. 그래서 청정하고 눈에 가림이 없는 사람은 모두 보름달을 본다. 여래의 말도 또한 그와 같이 개발하고 드러내어 청정하고 가림이 없다. 그런데도 어리석은 사람은 그것을 알지 못하고 비밀장이라 말한다. 그러나 지혜로운 사람은 그것을 요달하여 비밀장이라 말하지 않는다.'"14)『열반경』의 이 말이 그 증거

---

14)『大般涅槃經』卷5(大正藏12, p.390中)에 의하여 내용을 보충함. "爾時迦葉菩薩白佛言 世尊 如佛所說諸佛世尊有祕密藏 是義不然 何以故 諸佛世尊唯有密語無有密藏 譬如幻主機關木人 人雖睹見屈伸俯仰 莫知其內而使之

이다. 때문에 왕도가 흥성하면 곧 국경을 닫아 두지 않아도 국경을 수비하는 것은 오랑캐 자기네의 측이다. 마찬가지로 불도가 갖추어지면 곧 제법이 총지되므로 방어하는 것은 오히려 魔·外道 자기네의 측이다(『열반경』은 원교로 제법을 和會한다. 오직 魔說과 外道의 邪宗만을 간별할 뿐이다).

이에 다시는 識情에 집착하여 그것으로 잘난 체하지 말아야 한다. 오호라. 이제부터 후학들은 마땅히 부처님을 믿어야지 중생을 믿어서는 안 되고, 마땅히 本法을 증득해야지 末智을 취해서는 안 된다(『都序』는 佛語로써 모든 종지를 印하고, 本法으로써 편벽된 설을 조명해 준다. 때문에 정녕 그런 줄 深信할 것을 권한다). 이와 같이 한다면 곧 규봉 스님이 애쓴 공덕을 저버리지는 않을 것이다(『시경』에서는 "슬프고 슬프구나, 아버지 어머니시여. 나를 낳으시느라 몹시 수고하셨도다."15)고 말한다. 그러나 규봉 스님의 공덕은 이보다 훨씬 더하다. 그러므로 후학이 『都序』의 법을 보고도 悲感을 느끼지 못한다면 그것은 목석과 다름이 없을 것이다. 그러니 모름지기 保重하라).

然 佛法不爾咸令衆生悉得知見 云何當言諸佛世尊有祕密藏 佛讚迦葉 善哉 善哉 善男子 如汝所言 如來實無祕密之藏 何以故 如秋滿月處空顯露 淸淨 無翳人皆睹見 如來之言亦復如是 開發顯露淸淨無翳 愚人不解謂之祕藏 智者了達則不名藏"

15) 『詩經』 小雅 蓼莪(東陽古典國譯叢書 5. 縣吐完譯 『詩經集傳』. 成百曉 譯註. 傳統文化研究會. 1993년), pp.96-97 참조.

『禪源諸詮集都序』卷上之一

：『禪源諸詮集都序』卷上之一
『선원제전집도서』권상의 제일

(亦名禪那理行諸詮集)
(『선나이행제전집』이라고도 한다.)

唐 圭峰山 沙門 宗密 述
당 규봉산 사문 종밀이 서술하다.

1. 『禪源諸詮集都序』

　禪源諸詮集者。寫錄諸家所述。詮表禪門根源道理。文字句偈。集爲一藏。以貽後代。故都題此名也。禪是天竺之語。具云禪那。中華翻爲思惟修。亦名靜慮。皆定慧之通稱也。源者是一切衆生本覺眞性。亦名佛性。亦名心地。悟之名慧。修之名定。定慧通稱爲禪那。此性是禪之本源。故云禪源。亦名禪那理行者。此之本源是禪理。忘情契之是禪行。故云理行。然今所集諸家述作。多談禪理少談禪行。故且以禪源題之。

『禪源諸詮集』은 諸家에서 서술한 것을 수록한 것으로 선문의 근원도리를 설명한 문자 및 구와 게송을 모아 한 권의 책으로 만든 것이다. 이로써 후대에 전하려는 까닭에 책의 제목에 都라는 명칭을 붙였다.

禪은 천축의 말인데 본래는 禪那이다. 중국에서는 思惟修라고 번역하였고 또 靜慮라고도 불렀는데 모두 定과 慧를 통칭한 것이다.

源은 일체중생의 本覺眞性이고 또 佛性이며 또 心地이다. 이것을 깨치는 것을 慧라 하고, 그것을 닦는 것을 定이라 한다. 정과 혜를 통칭하여 禪那라 하는데 본각진성은 선의 본원이므로 禪源이라 말하고 또 禪那理行이라 말한다. 본각진성의 본원은 禪理이고, 분별을 벗어나 본각진성에 계합하는 것은 선행이므로 理行이라 말한다. 그러나 여기에서 집성한 제가의 저술들은 주로 禪理에 대하여 말하였을 뿐이고, 禪行에 대해서는 그다지 말하지 않았기 때문에 禪源이라는 말로 제목을 달았다.

2. 禪源은 眞性

今時有但目眞性爲禪者。是不達理行之旨。又不辨華竺之音也。然亦非離眞性別有禪體。但衆生迷眞合塵。卽名散亂。背塵合眞。方名禪定。若直論本性。卽非眞非妄。無背無合。無定無亂。誰言禪乎。況此眞性非唯是禪門之源。亦

是萬法之源。故名法性。亦是衆生迷悟之源。故名如來藏藏
識(出楞伽經)。亦是諸佛萬德之源。故名佛性(涅槃等經)。亦
是菩薩萬行之源。故名心地(梵網經心地法門品云。是諸佛之
本源。是菩薩道之根本。是大衆諸佛子之根本)

그러나 오늘날 어떤 사람은 단지 본각진성만 가지고 선이라
하는데 그것은 理行의 뜻에 통달하지 못한 것일 뿐만 아니라
중화와 천축의 말도 역시 모른 탓이다. 본각진성을 벗어나 달
리 선체가 있는 것이 아니다. 그래서 또 다만 중생이 진성에
미혹하여 번뇌에 듣혀 있으면 산란이라 말하고, 번뇌를 벗어
나 진성에 합치하면 바야흐로 선정이라 말한다.

만약 바로 본성을 논하자면 진도 없고 망도 없으며 벗어남
도 없고 합치됨도 없으며 고요함도 없고 산란함도 없는데 무
엇을 선이라 말할 것인가. 이에 이 진성은 선문의 근원일 뿐
만 아니라 만법의 근원이기 때문에 법성이라 말하고 또 중생
의 미혹과 깨침의 근원이기 때문에 여래장식이라고도 말하며
(『능가경』에 나온다) 또 제불의 만덕의 근원이기 때문에 불성
이라 말하고(『열반경』 등에 나온다) 또 보살의 만행의 근원이
기 때문에 심지라고 말한다(『범망경』의 심지법문품에서는 "진
성은 제불의 본원이고 보살도의 근본이며 모든 불자의 근본이
다."16)고 말한다).

---

16) 『梵網經』 卷下(大正藏24, p.1004中)

3. 禪定의 종류

萬行不出六波羅蜜。禪門但是六中之一。當其第五。豈可都目眞性爲一禪行哉。然禪定一行最爲神妙。能發起性上無漏智慧。一切妙用萬德萬行。乃至神通光明。皆從定發。故三乘學人欲求聖道必須修禪。離此無門。離此無路。至於念佛求生淨土。亦須修十六觀禪。及念佛三昧。般舟三昧。又眞性則不垢不淨。凡聖無差。禪則有淺有深。階級殊等。謂帶異計欣上壓下而修者。是外道禪。正信因果亦以欣厭而修者。是凡夫禪。悟我空偏眞之理而修者。是小乘禪。悟我法二空所顯眞理而修者。是大乘禪(上四類。皆有四色四空之異也)。若頓悟自心本來淸淨。元無煩惱。無漏智性本自具足。此心卽佛。畢竟無異。依此而修者。是最上乘禪。亦名如來淸淨禪。亦名一行三昧。亦名眞如三昧。此是一切三昧根本。

묻는다 : 보살의 만행은 육바라밀을 벗어나지 않는다. 선문은 그 여섯 가지 가운데 하나로서 다섯 번째에 해당되는데 어찌 그 모두를 진성이라고만 지목하여 하나의 선행으로 간주하는가.

답한다 : 그러나 선정바라밀 하나가 가장 신묘하여 진성에서 무루지혜 및 일체의 묘용·만덕·만행을 발생시키고 신통과 묘용도 모두 선행에서 발생한다. 때문에 삼승의 학인이 聖道를 추구하려면 반드시 선행을 닦아야 한다. 선행을 벗어나서 달리 문이 없고 선행을 벗어나서 달리 길이 없다. 심지어 염불하여 정토에 태어나기를 추구하는 데 있어서도 또 반드시

16관법의 선행 및 염불삼매·반주삼매를 닦아야 한다. 또한 진성은 더러움과 깨끗함도 없고 범성의 차별도 없다.

　그러나 선에는 깊고 옅음이 있어 계급의 차별이 있다. 말하자면 세속적인 목적으로 천상을 좋아하고 천하를 싫어하는 마음으로 수행하는 것은 외도선이다. 바로 인과를 믿지만 역시 천상을 좋아하고 천하를 싫어하는 마음으로 수행하는 것은 범부선이다. 아공의 치우친 도리를 깨달아 수행하는 것은 소승선이다. 아공과 법공으로 드러난 진리를 깨달아 수행하는 것은 대승선이다(위의 네 가지는 모두 색계의 四禪과 무색계의 四定이라는 차이가 있다). 만약 자심이 본래 청정하여 애당초 번뇌가 없고 무루지성이 본래 구족하여 그 마음이 곧 부처여서 필경에 차이가 없음을 돈오하여 그로써 수행한다면 그것은 최상승선인데 여래청정선이라고도 하고 일행삼매라고도 하며 진여삼매라고도 한다. 이것이야말로 모든 삼매의 근본이다.

　若能念念修習。自然漸得百千三昧。達摩門下展轉相傳者。是此禪也。達摩未到。古來諸家所解。皆是前四禪八定。諸高僧修之皆得功用。南岳天台。令依三諦之理修三止三觀。教義雖最圓妙。然其趣入門戶次第。亦只是前之諸禪行相。唯達摩所傳者。頓同佛體。迥異諸門。故宗習者難得其旨。得卽成聖。疾證菩提。失卽成邪。速入塗炭。先祖草昧防失。故且人傳一人。後代已有所憑。故任千燈千照。暨乎法久成弊錯謬者多。故經論學人疑謗亦衆。

　만약 이 최상승선법을 끊임없이 수습하면 자연히 점차 백천삼매를 터득하게 된다. 달마 문하에서 발전하고 계승된 것은

바로 이 최상승선이다. 아직 달마가 도래하기 이전에 고래로
제가에서 알고 있는 선법은 모두 위의 사선과 팔정으로 모든
고승들이 그것을 수행하여 다 공용을 얻었다.

남악과 천태는 三諦의 도리에 의하여 三止三觀을 수행하도
록 지도하였다. 비록 그 교의는 가장 원묘했을지라도 그 취입
하는 문호의 차제는 단지 위의 四禪八定의 선수행 방식이었
다. 달마가 전승한 것만이 그대로 佛體와 동일한 방식으로 여
타의 제문과는 아득히 달랐다. 때문에 달마의 종지를 수습하
는 자들마저도 그 뜻을 터득하기가 어려웠다. 그러나 일단 종
지를 얻으면 성도를 성취하여 곧바로 보리를 증득하였지만 종
지를 상실하면 사도에 들어가 곧바로 윤회의 도탄에 빠지고
말았다. 때문에 육조혜능 시대까지의 초기의 선조들은 그것을
방지하려고 一人傳承 하였지만 후대에는 이미 각자 의거할
만한 경지가 되어 천 개의 등불이 천 명에게 비치게 되었다.
그리하여 마침내 달마의 선법이 오래 내려가자 폐단이 나타나
고 착각하는 자가 늘어남에 따라 경론의 학인들에게 받은 의
심과 비방도 많아졌다.

4. 禪敎一致

原夫佛說頓敎漸敎禪開頓門漸門。二敎二門各相符契。今
講者偏彰漸義。禪者偏播頓宗。禪講相逢胡越之隔。宗密不
知宿生何作熏得此心。自未解脫欲解他縛。爲法忘於軀命。
愍人切於神情

(亦如淨名云。若自有縛能解他縛。無有是處。然欲罷不
能。驗是宿世難改)。每歎人與法差。法爲人病。故別撰經律
論疏。大開戒定慧門。顯頓悟資於漸修。證師說符於佛意。
意旣本末而委示。文乃浩博而難尋。泛學雖多秉志者少。況
跡涉名相。誰辨金鍮。徒自疲勞。未見機感。雖佛說悲增是
行。而自慮愛見難防。遂拾衆入山習定均慧。前後息慮相計
十年(云前後者。中間被敕追入內住城三年。方卻表請歸山
也)。微細習情。起滅彰於靜慧。差別法義。羅列見於空心。
虛隙日光纖埃擾擾。清潭水底影像昭昭。豈比夫空守默之癡
禪。但尋文之狂慧者。然本因了自心而辨諸敎。故懇情於心
宗。又因辨諸敎而解修心。故虔誠於敎義。

　대저 부처님의 설법에는 돈교와 점교가 있고 선에는 돈문과
점문이 있는데 이교와 이문은 각각 서로 부합되고 계합되어
있다. 그럼에도 불구하고 오늘날의 강학자는 점교의 뜻만 치
우쳐 드러내고, 선을 하는 자는 돈종만을 치우쳐 전파한다. 그
래서 선과 강이 만나면 호나라와 월나라처럼 멀리한다.

　숙생에 무엇을 훈습하였기에 종밀 나도 해탈하지 못하였으
면서 남의 결박을 풀어 주려고 하는 짓인지 모르겠다. 그것은
아마 불법을 위하여 신명을 아끼지 않고 남을 불쌍하게 여기
는 마음이 간절했기 때문일 것이다(정명은 "만약 자신이 묶여
있으면서 남을 풀어 준다는 일은 있을 수가 없다."[17]고 말했
다. 그러나 이 작업을 그만두려 해도 그만둘 수가 없다. 그것
은 숙생의 훈습을 고치기 어렵기 때문이다).

　나는 늘 因과 法이 차별되어 법은 인의 병이 되는 것을 탄

----

17) 『維摩詰所說經』 卷中(大正藏14, p.545中)

식해 왔다. 때문에 경·율·논에 대한 소를 별도로 찬술하여 계·정·혜의 문을 크게 열어 돈오가 점수에 도움이 되는 것을 드러냈고, 조사의 설이 부처님의 뜻에 부합됨을 증명하였다. 이처럼 뜻에 이미 근본과 지말이 자세하게 드러나 있지만 글이 방대하여 그것을 찾기가 어려워 무릇 배우는 자는 많지만 뜻을 파악하는 자가 드물었다. 하물며 뜻을 파악했던 경우도 그것이 名과 相에 관계되어 있어 금과 놋쇠를 누가 변별할 수 있겠는가. 쓸데없이 애만 썼을 뿐이었지 아직껏 동지를 만나지 못했다. 비록 부처님께서 자비를 키우는 것이야말로 수행하는 것이라고 말씀하셨을지라도 나 스스로 大悲의 愛見을 방지하지 못할까 염려하여 그러한 대중을 버리고 입산하였다. 이에 선정을 배우고 지혜와 자비가 균등하기까지 무려 前後의 기간을 제외하고 정진을 10년 동안 하였다(여기에서 말한 前後는 종남산의 초당사에 주석하던 중간에 황명을 받아 入內하여 성에 머물던 3년 만에 바야흐로 표를 올려 종남산으로 돌아가려고 청한 것을 가리킨다).

이에 미세한 習情의 기멸까지 고요한 지혜에 남김없이 드러났고 차별된 法과 義의 나열이 空心에 두루 보였는데, 그것은 마치 틈새의 햇살에 날리는 먼지와 맑은 연못에 투영된 보름달 모습처럼 분명하였다. 그러니 어찌 공연히 침묵만 지키고 어리석은 선정과 단지 글만 뒤적거리는 산란한 지혜의 사람들과 비교하겠는가. 그렇지만 본래 자심을 터득함으로써 제교를 변별하는 것이므로 간절하게 심종에 마음을 두었고 또 제교를 변별함으로써 수행법을 이해하는 것이므로 경건하게 교의에 정성을 기울였다.

敎也者。諸佛菩薩所留＜有＝＞經論也。禪也者。諸善知
識所述句偈也。但佛經開張羅。大千八部之衆。禪偈撮略。
就此方一類之機。羅衆則浩蕩難依。就機卽指的易用。今之
纂集意在斯焉。

교는 제불보살이 남겨 놓은 經論이고, 선은 제선지식이 진
술한 句偈이다. 다만 불경은 삼천대천세계의 팔부대중을 위하
여 자세하게 펼쳐 놓은 것이고, 선게는 이 땅의 한 부류의 사
람들을 겨냥하여 간략하게 요약한 것이다. 팔부대중을 위하여
펼쳐 놓으면 너무 많아서 자기에게 맞는 것을 찾아 의지하기
어렵지만, 한 부류를 겨냥해 지적해 놓으면 자기에게 맞는 것
을 쉽게 활용할 수가 있다. 지금『도서』를 찬집하려는 의도가
바로 그것이다.

5.『都序』를 편찬한 목적

問夫言撮略者。文須簡約。義須周足。理應撮束多義在少
文中。且諸佛說經皆具法(法體) 義(義理) 因(三賢十地三十七
品十波羅蜜) 果(佛之妙用) 信(信法) 解(解義) 修(歷位修因)
證(證果) 雖世界各異化儀不同。其所立敎無不備此。故華嚴
每會每位。皆結十方世界悉同此說。今覽所集諸家禪述。多
是隨問反質旋立旋破。無斯綸緖。不見始終。豈得名爲撮略
佛敎。答佛出世立敎與師隨處度人。事體各別。佛敎萬代依
憑。理須委示。師訓在卽時度脫。意使玄通。玄通必在忘
言。故言下不留其跡。跡絶於意地。理現於心源。卽信解修

證。不爲而自然成就。經律疏論。不習而自然冥通。故1有問
修道。卽答以無修。有求解脫。卽反質誰縛。有問成佛之
路。卽云本無凡夫。有問臨終安心。卽云本來無事。或亦云
此是妄此是眞。如是用心。如是息業。擧要而言。但是隨當
時事應當時機。何有定法名阿耨菩提。豈有定行名摩訶般
若。但得情無所念。意無所爲。心無所生。慧無所住。卽眞
信眞解眞修眞證也。若不了自心但執名教欲求佛道者。豈不
現見識字看經元不證悟。銷文釋義唯熾貪嗔耶。況阿難多聞
總持。積歲不登聖果。息緣反照。暫時卽證無生。卽知乘教
之益。度人之方。各有其由。不應於文字而貴也。

묻는다 : 간추려 요약한다는 말은 글은 비록 간략하나 뜻은
모름지기 두루 갖추고 있어야 하고, 이치도 또한 많은 뜻을
간추려 묶어 짧은 글에 담고 있어야 한다. 저 제불이 설한 경
전은 모두 法(법체)·義(의리)·因(3현·10지·37품·10바라
밀)·果(불의 묘용)·信(신법)·解(해의)·修(수행계위를 따른
인행)·證(증과)을 갖추고 있어 비록 세계가 각각 다르고 교화
방식이 같지 않을지라도 거기에서 내세운 가르침은 위의 모든
조항을 갖추지 않음이 없다. 때문에 『화엄경』에서는 모든 법
회와 모든 계위에서 다 "시방세계에서 늘 이처럼 설했다."라
는 말로 끝맺었다. 그런데 지금 찬집한 제가의 선에 관한 찬
술을 살펴보면 대부분의 경우 질문에 대한 되질문의 형식으로
긍정하고 부정하여 경전과 같은 궤칙이 없어 그 시종을 볼 수
가 없는데 어찌 부처님의 교설을 간추려 요약했다고 할 수 있
겠는가.
답한다 : 부처님이 세상에 출현하여 교설을 내세우고 조사

가 인연의 처소를 따라 사람을 제도한 방식이 각기 다르다. 부처님의 교설은 만대에 의지할 바이므로 그 도리[理]를 자세하게 보이고, 조사의 가르침은 즉시에 건져 주는 데 있으므로 뜻[意]을 그윽한 경지에 두었다. 그래서 그윽한 경지에는 말이 필요 없기 때문에 가르침에도 자취를 남기지 않는다. 이처럼 자취는 뜻[意地]에 남아 있지 않지만 도리[理]가 心源에서 드러난다. 그러므로 신·해·수·증은 힘쓰지 않아도 저절로 성취되고, 경·율·논·소는 익히지 않아도 저절로 통달된다. 때문에 수도에 대하여 물으면 수행할 것이 없다고 답하고, 해탈을 추구하는 방법을 물으면 누가 계박했느냐고 반문하며, 성불하는 길을 물으면 본래 범부가 없다고 말하고, 임종에 안심의 방법을 물으면 본래 걱정할 번뇌가 없다고 답하며, 혹 그런 질문은 옳다 그르다고 말하여 참된 마음을 유지하는 방법과 번뇌업을 그치는 방법을 말해 준다. 요약하여 말하면 당시의 상황을 따르고 당시의 근기를 따른다는 것이다. 어찌 처음부터 阿耨多羅三藐三菩提라는 명칭으로 정해진 것이 있으며 어찌 처음부터 마하반야라는 명칭으로 정해진 것이 있겠는가. 다만 생각에 분별이 없고 뜻에 집착이 없으며 마음에 분별이 일어나지 않고 지혜에 집착이 일어나지 않으면 그것이 곧 眞信·眞解·眞修·眞證이다. 그러나 만약 자심을 보지 못하고 名敎에 집착하여 불도를 추구하려고 하면 주지하는 바처럼 "글자만 알아 경전을 보는 것만으로는 원래 깨칠 수 없고, 글을 새기고 뜻을 해석하는 것만으로는 탐·진만 키운다."는 꼴이 되고 말 것이다. 이에 아난은 오랫동안 多聞·總持했지만 성과에 오르지 못했는데 반연을 그치고 자신을 되돌아보자마자 곧바로 무생법인을 증득하였다. 이로써 가르침을 설한 이익과 사람을 제도한 방식은 각기 다른 줄을 알 수 있듯이 결코 문자만을 귀중하게 여길 것은 아니다.

問旣重得意不貴專文。卽何必纂集此諸句偈。答集有二意。一有雖經師授而悟不決究。又不逢諸善知識處處勘契者。今覽之遍見諸師言意。以通其心以絶餘念。二爲悟解了者欲爲人師。令廣其見聞增其善巧。依解攝衆答問敎授也。卽上云。羅千界卽滂蕩難依。就一方卽指的易用也。然又非直資忘言之門。亦兼垂禪敎之益。非但令意符於佛。亦欲使文合於經。旣文似乖而令合實爲不易。須判一藏經大小乘權實理了義不了義。方可印定諸宗禪門各有旨趣不乖佛意也。謂一藏經論統唯三種。禪門言敎亦統唯三宗(各在丁文別釋)。配對相符方成圓見。

묻는다 : 이미 득의만을 중요시하고 문자에 전념하는 것은 귀하지 않다고 간주했는데 굳이 그들 句偈를 찬집할 필요가 있는 것인가.

답한다 : 句偈를 찬집하는 데에 두 가지 의도가 있다. 첫째는 비록 經師의 가르침에도 불구하고 그것을 깨우쳐 끝내 궁구하지 못한 자들이 있는가 하면, 또한 선지식을 만나지는 못했지만 곳곳에는 그 가르침을 터득할 만한 자들이 있다. 이들이 이제 『도서』를 열람하면 선지식들의 言意를 두루 보고 그 마음을 통달하여 의심의 여지가 없어질 것이기 때문이다. 둘째는 깨우쳐 요해한 자가 남의 스승이 되고자 하는 경우 그 견문을 넓히고 선교방편을 증장시키고 그것의 이해에 기초하

여 대중을 섭수하고 문답으로 교수케 하려는 것이다. 곧 위에서 말한 "팔부대중을 위하여 펼쳐 놓으면 너무 많아서 자기에게 맞는 것을 찾아 의지하기 어렵지만, 한 부류를 겨냥해 지적해 놓으면 자기에 맞는 것을 쉽게 활용할 수가 있다."는 경우이다. 그리고 또 말을 초월한 선문에 직접적으로 도움이 될 뿐만 아니라 아울러 선을 가르치는 것에도 도움이 되고, 비단 조사의 뜻을 부처님어게 두도록 할 뿐만 아니라 아울러 조사의 문자로 하여금 경전에 부합되도록 하려는 것이기도 하다. 이미 조사의 글이 경전에 어긋나 버린 것을 합치토록 하는 것은 실로 쉽지 않다. 모름지기 일대장경의 대승과 소승, 방편과 실제의 도리, 了義와 不了義 등을 판별해야만 바야흐로 선문의 제 종파에서 각각 내세우는 旨趣가 부처님의 뜻에 어긋나지 않음을 印定할 수가 있다. 말하자면 일대장경의 경우 경론을 오직 세 종류만으로 통합하고, 선문의 경우도 그 언교를 오직 세 가지 종지로 통합하여(각각 해당하는 부분에서 개별적으로 해석을 가한다) 경른과 선문을 배대한 것이 서로 부합되어야 바야흐로 원만한 견해가 성취되는 것이다.

問 今習[18)禪詮何關經論。答 有十所以。須知經論權實方辨諸禪是非。又須識禪心性相方解經論理事。一師有本末馮本印末故。二禪有諸宗互相違阻故。三經如繩墨楷定邪正故。四經有權實須依了義故。五量有三種勘契須同故。六疑有多般須具通決故。七法義不同善須辨識故。八心通性相名

同義別故。九悟修頓漸言似違反故。十師授方便須識藥病故。

　묻는다 : 지금 여기에서는 선에 대한 설명을 모은 것인데 어째서 경론을 관련시키는 것인가.

　답한다 : 그것은 열 가지 이유가 있다. 모름지기 경론의 權과 實을 알아야 바야흐로 諸禪의 是와 非를 변별할 수 있고, 또한 모름지기 선심의 性과 相을 알아야 바야흐로 경론의 理와 事를 이해할 수 있다.

　첫째는 스승에도 本과 末이 있어서 本에 의거해야 末을 알 수 있기 때문이다. 둘째는 선에도 제종이 있어서 서로 간에 어긋나는 경우가 있기 때문이다. 셋째는 경은 繩墨과 같아서 邪와 正을 가름하는 기준이 되기 때문이다. 넷째는 경에도 權과 實이 있어서 모름지기 요의경에 의거해야 하기 때문이다. 다섯째는 세 가지 인식방법은 판단에 있어 모름지기 계합되어야 하기 때문이다. 여섯째는 많은 의심에 대하여 모름지기 깨끗이 풀어 줘야 하기 때문이다. 일곱째는 비록 法과 義가 다르지만 모름지기 그것을 잘 변별해야 하기 때문이다. 여덟째는 마음이 性과 相에 달통하면 명칭은 같더라도 뜻이 다름을 알기 때문이다. 아홉째는 悟와 修에 頓과 漸이 있다는 말은 그럴듯해 보이지만 실은 그렇지 않기 때문이다. 열째는 스승이 방편을 구사할 때 모름지기 약과 병을 알아야 하기 때문이다.

1) 스승에도 本과 末이 있다

初言師有本末者。謂諸宗始祖卽是釋迦。經是佛語。禪是佛意。諸佛心口必不相違。諸祖相承根本是佛親付。菩薩造

論始末唯弘佛經。況迦葉乃至鞠多弘傳皆兼三藏。提多迦已
下。因僧諍律敎別行。罽賓國已來。因王難經論分化。中間
馬鳴龍樹悉是祖師。造論釋經數千萬偈。觀風化物無定事
儀。未有講者毀禪禪者毀講。達摩受法天竺躬至中華。見此
方學人多未得法。唯以名數爲解事相爲行。欲令知月不在指
法是我心。故但以心傳心不立文字。顯宗破執。故有斯言。
非離文字說解脫也。故敎授得意之者。卽頻讚金剛楞伽云。
此二經是我心要。

　　첫째의 '스승에도 本과 末이 있다.'는 것은 제종의 근본[始
祖]은 곧 석가모니로서 경은 부처님의 말씀이고 선은 부처님
의 뜻이므로 제불의 마음과 입은 결코 어긋나지 않는다는 것
이다. 제조사의 상승의 근본은 부처님이 친히 부촉한 것이었
고, 보살이 논을 지은 까닭도 오직 불경을 홍포하기 위한 것
이었다. 하물며 초조 가섭으로부터 제4조 우바국다에 이르기
까지 널리 정법안장을 홍포한 것도 모두 삼장을 겸비하였
다.[19] 그러나 제5조 지다카 이후에 승단의 분쟁으로 인하여
경과 율이 별도로 유행하였고, 계빈국 시대 왕의 난으로 인하
여 경과 논이 분화되었다.[20] 그 중간 시대에 해당하는 마명과
용수는 모두 조사로서 수천만의 게송으로 논을 짓고 경을 해

---

19) 초조 마하가섭으로부터 서천의 제4조 우바국다에 이르기까지 모두 삼장을 겸비
　　했다는 말은 단순히 부처님의 말씀을 의거했다는 뜻으로 해석해야지 굳이 삼장
　　이라 할 필요는 없다. 소위 논장의 성립은 적어도 불멸 후 200여 년 이후 아쇼
　　카왕 시대에 성립되었기 때문이다. 따라서 여기에서 삼장이라는 말은 經이 지니
　　고 있는 廣·狹의 의미 가운데 일반적으로 삼장을 지칭하는 경우로 간주된다.
20) 이전까지는 부처님의 말씀은 보편적으로 경전으로 간주하였다. 그러다가 승단의
　　분쟁 및 왕의 난으로 인하여 경전[本]으로부터 율장의 개념과 논장의 개념으로
　　세분화된[末] 것을 가리킨다.

석하였다. 이로써 풍속을 살펴 중생을 교화함에 선과 교라는
일정한 궤칙이 따로 없었다. 그리고 아직 강설하는 자가 선을
비방하거나 선을 하는 자가 강설을 헐뜯은 적도 없었다.

　　그러나 보리달마가 천축에서 정법안장을 계승하여 몸소 중
화에 도래하여 보니 이곳의 학인들은 대부분 법을 터득하지
못하고 오직 名數로만 이해하고 事相으로만 수행을 삼고 있
었다. 이에 달마는 달이 손가락에 있지 않고 법은 곧 자신의
마음임을 알려 주려고 하였다. 그래서 단지 이심전심과 불립
문자의 방식으로 종지를 드러내어 事相에 대한 집착을 타파
하려는 까닭에 이심전심과 불립문자라는 말을 내세운 것이지
결코 문자의 설명을 벗어나 해탈을 설한 것은 아니었다. 때문
에 교수법에 통달한 자는 늘 『금강경』과 『능가경』을 찬탄하
여 "『금강경』과 『능가경』은 자기 마음의 요체이다."라고 말했다.

今時弟子彼此迷源。修心者以經論爲別宗。講說者以禪門
爲別法。聞談因果修證。便推屬經論之家。不知修證正是禪
門之本事。聞說卽心卽佛。便推屬胸襟之禪。不知心佛正是
經論之本意(前敍有人難云。禪師何得講說。余今以此答也)。
今若不以權實之經論對配深淺禪宗。焉得以敎照心以心解敎。

　　그러나 오늘날의 선자와 강설자는 서로 그 근원을 모르고
修心의 선자는 경론을 별종으로 간주하고, 강설자는 선문을
별법으로 간주하고 있다. 때문에 선자는 인과 및 수증에 대한
말을 들으면 경론의 무리에 속하는 것으로 치부하여 그 수증
이 곧 선문의 본사임을 모르고, 강설자는 즉심즉불에 대한 말
을 들으면 독불장군의 무리에 속하는 것으로 보고 그 수증이

곧 경론의 본의임을 모른다(위에서 언급한 어떤 사람은 "선사가 어찌 강설할 필요가 있는가."라고 힐난한다. 이에 내가 여기에서 그에 답하겠다. 지금 만약 權實의 경론을 가지고 深淺의 선의 종지에 배대할 줄 모른다면 어찌 교학으로 마음을 비추고 또 마음으로 교학을 이해할 수 있겠는가.

2) 선에도 제종이 있어서 서로 간에 어긋나는 경우가 있다

　二禪有諸宗互相違反者。今集所述殆且百家。宗義別者猶將十室。謂江西荷澤北秀南侁牛頭石頭保唐宣什及稠那天台等。立宗傳法互相乖阻。有以空爲本。有以知爲源。有云寂默方眞。有云行坐皆是。有云見今朝暮分別爲作一切皆妄。有云分別爲作一切皆眞。有萬行悉存。有兼佛亦泯。有放任其志。有拘束其心。有以經律爲所依。有以經律爲障道。非唯汎語而乃確言。確弘其宗確毁餘類。爭得和會也[21]

　둘째의 '선에도 제종이 있어서 서로 간에 어긋나는 경우가 있다.'는 것은 지금 『도서』에서 서술한 것은 거의 모든 것을 종합한 것을 말한다. 그러나 宗義로 구분하면 열 가지가 있다. 곧 마조도일(709~788)의 강서종, 하택신회(670~762)의 하택종, 대통신수(606~706)의 북종, 南侁智詵(609~702)의 정중종, 우두법융(594~657)의 우두종, 석두희천(700~790)의 호남종, 보당무주(714~774)의 보당종, 果閬宣什의 남산염불

---

21) 1493년 전라도 고산 佛名山 花巖寺 重刊本 및 明 萬力 4년(조선 선조 9년 1576년)본에는 "爭得和會也"에 해당하는 대목이 "後學執言迷意情見乖張 爭不和會也 후학들이 言에 집착하고 意에 미혹하여 情見이 더욱 어그러졌으므로 그것들을 어찌 화회시키지 않을 수 있겠는가."로서 보다 구체적이다.

문선종, 僧稠(480~560) 및 구나발타라, 천태지의(538~597)의 천태종 등이다. 이들이 내세운 종지와 전법에는 서로 괴리가 있다. 곧 어떤 종파에서는 空을 근본으로 삼고, 어떤 종파에서는 知를 근원으로 삼기도 하며, 어떤 종파에서는 번뇌가 제거된 적묵의 상태를 眞이라 하고, 어떤 종파에서는 行住坐臥 그대로가 깨침이라 하며, 어떤 종파에서는 현재 아침저녁으로 분별하고 경험하는 일체를 妄이라 하고, 어떤 종파에서는 분별하고 경험하는 일체를 眞이라 하며, 어떤 종파에서는 만행이 모두 존재한다고 하고, 어떤 종파에서는 제행은 물론 부처도 또한 멸한다고 하며, 어떤 종파에서는 개개인의 志를 방임하라고 하고, 어떤 종파에서는 개개인의 心을 구속하라고 하며, 어떤 종파에서는 경율로 소의를 삼는다고 하고, 어떤 종파에서는 경율이 깨침을 장애한다고 한다. 이것은 말로써 뿐만 아니라 또한 확신까지 하여 그 확신으로 종취를 넓히고 그 확신으로 다른 부류를 폄훼하니 어찌 그것들이 화회되겠는가.

問是者卽收。非者卽揀。何須委曲和會。答或空或有。或性或相。悉非邪僻。但緣各皆黨己爲是。斥彼爲非。彼此確定。故須和會。

묻는다 : 옳은 것은 받아들이고 그른 것은 골라내면 될 터인데 하필 자세하게 화회시킬 필요가 있는가.

답한다 : 공과 유 및 성과 상의 주장이 모두 잘못이거나 치우친 것은 아니다. 다만 각자가 모두 자파를 기준으로 인연하여 옳다고 간주하고 다른 종파는 그르다고 배척하여 그것으로 피차를 확정해 버릴 뿐이다. 때문에 모름지기 그런 점을 화회시켜야 한다.

問旣皆非邪。卽各任確定。何必會之。答至道歸一精義無二。不應兩存。至道非邊了義不偏。不應單取。故必須會之爲一令皆圓妙。

묻는다 : 이미 모두 잘못이 없다면 각자에게 맡겨 두면 좋을 터인데 어째서 하필 그것을 화회시키려는 것인가.

답한다 : 大道는 하나이고 精義도 하나로서 결코 둘이 있을 수 없다. 그리고 大道에는 중심을 벗어난 주변이 없고 了義에는 치우침이 없어 어떤 한 부분이 있을 수가 없다. 때문에 반드시 백가의 견해를 하나로 화회시켜 모두 원묘하게끔 해야 한다.

問以冰雜火勢不俱全。將矛刺盾功不雙勝。諸宗所執旣互相違。一是則有一非。如何會令皆妙。答俱存其法俱遣其病。卽皆妙也。謂以法就人卽難。以人就法卽易。人多隨情互執。執卽相違。誠如冰火相和矛盾相敵故難也。法本稱理互通。通卽互順。自然凝流皆水闇＜鐶？＞釧皆金故易也。擧要而言。局之則皆非。會之則皆是。若不以佛語各示其意各收其長。統爲三宗對於三敎。則何以會爲一代善巧俱成要妙法門。各忘其情同歸智海(唯佛所說卽異而同。故約佛經會三爲一)

묻는다 : 얼음을 불에 섞으면 얼음과 불이 모두 온전하지 못하고, 창으로 방패를 찌르면 창과 방패가 모두 이길 수는 없다. 제종이 지니고 있는 주장도 그처럼 이미 서로 어긋나서 한 쪽이 옳으면 한 쪽은 그릇되는데 그것을 어찌 모두 원묘하게 화회시킬 수 있겠는가.

답한다 : 法은 모두 남겨 두고 病은 모두 없애면 곧 모두

원묘하게 된다. 말하자면 法을 가지고 人에 적용하는 것은 어렵지만 人을 가지고 法에 적용하는 것은 쉽다. 人은 보편적으로 개개의 생각에 따라 그것에 집착하므로 서로 어긋난다. 참으로 얼음과 불이 서로 화회하려는 것처럼, 창과 방패가 서로 대적하는 것처럼 어려운 일이다. 법은 본래 도리에 계합하면 곧 서로 통하고, 통하면 곧 서로 따르게 마련이다. 그래서 자연히 덩어리의 얼음과 흐르는 물은 다 물의 속성일 뿐이고, 금반지와 금팔찌는 다 금의 속성일 뿐이다. 때문에 그 경우는 화회하기가 쉽다. 요약해서 말하면 국집하면 모두 어긋나지만[非] 화회하면 모두 통하는[是] 것이다.

만약 부처님의 말씀을 가지고 각각 그 뜻을 보여 주고 각각 장점을 받아들여 선의 三宗을 통합하여 교의 三敎에 배대하지 않는다면 그 어떤 회통방법으로 一代의 善巧 곧 禪과 敎의 회통을 이루어 모두 要妙의 법문을 성취할 수 있겠는가. 각자 개개의 견해를 버리면 함께 지혜의 바다에 돌아갈 수가 있다.[22]

3) 경은 繩墨과 같아서 邪와 正을 가름하는 기준이 되기 때문이다

　　三經如繩墨揩定邪正者。繩墨非巧。工巧者必以繩墨爲憑。經論非禪。傳禪者必以經論爲準。中下根者但可依師。師自觀根隨分指授。上根之輩悟須圓通。未究佛言何同佛見。

---

22) 이 대목은 "오직 부처님의 설법만이 말은 다르지만 뜻은 같다. 때문에 부처님의 경전에 의거하여 세 가지 주장을 화회시켜 하나로 만드는 것이다."는 것을 가리킨다.

셋째의 '경은 繩墨과 같아서 邪와 正을 가름하는 기준이 되기 때문이다.'는 것은 繩墨이 기교를 부리는 것은 아니지만 목수는 반드시 繩墨에 의지해야 하는 것처럼 경론이 선은 아니지만 선을 전승하는 자는 반드시 경론에 준거해야 한다는 것이다. 중하근기는 다만 스승에게만 의지할 수 있으므로 스승 자신이 그들의 근기를 살펴서 합당한 가르침을 주어야 한다. 그리고 상근기의 경우도 비록 깨침이 원만하더라도 부처님의 말씀을 궁구하지 않고서는 아무래도 부처님의 견해와 동일할 수가 없다.

問所在皆有佛經。任學者轉讀勘會。今集禪要何必辨經。答此意卽其次之文。便是答此問也。

묻는다 : 모든 곳에 다 불경이 있으므로 학자 자신이 읽고 알면 되는 것인데 지금 禪要를 모으는 것에 하필 경전을 변별해야 하는 것인가.
답한다 : 지금 질문한 뜻은 이하의 넷째 부분이 해당하므로 곧 넷째에서 그 질문에 답변한다.

4) 넷째는 경에도 權과 實이 있어서 모름지기 요의경에 의거해야 하기 때문이다

四經有權實須依了義者。謂佛說諸經。有隨自意語。有隨他意語。有稱畢竟之理。有隨當時之機。有詮性相。有頓漸大小。有了義不了義。文或敵體相違義必圓通無礙。龍藏浩

汗何見旨歸。故今但以＜二＋？＞[23]十餘紙都決擇之。令一時
圓見佛意。見佛意後卽備尋一藏。卽句句知宗。

넷째의 '넷째는 경에도 權과 實이 있어서 모름지기 요의경
에 의거해야 하기 때문이다.'는 것은 다음과 같다. 곧 부처님
께서 제경을 설할 때에 自意에 따른 말씀이 있고, 他意에 따
른 말씀이 있으며, 필경에 계합되는 도리가 있고, 청중의 근기
에 따른 경우가 있으며, 性과 相을 설명하는 경우가 있고, 돈
점과 대소승의 경우가 있으며, 요의와 불요의의 경우가 있다.
그래서 글 자체는 간혹 어긋날지라도 뜻은 반드시 원융무애하
다. 그러나 경론이 하도 방대하여 어디에서 旨歸를 찾아야 할
지 모른다. 때문에 지금 10여 쪽만 가지고 모두 旨歸를 결택
하여 일시에 佛意를 원만하게 터득하도록 하겠다. 佛意를 터
득한 후에 자세히 경장을 읽어 보면 모든 구절에서 종지를 발
견할 것이다.

5) 세 가지 인식방법은 판단에 있어 모름지기 계합되어야 한다

五量有三種勘契須同者。西域諸賢聖所解法義。皆以三量
爲定。一比量。二現量。三佛言量。量者。如度量升斗量物
知定也。比量者。以因由譬喩比度也。如遠見煙必知有火。
雖不見火亦非虛妄。現量者親自現見。不假推度。自然定
也。佛言量者。以諸經爲定也。勘契須同者。若但憑佛語不

自比度證悟自心[24]者。只是泛信。於己未益。若但取現量自
見爲定。不勘佛語。焉知邪正。外道六師[25]親見所執之理修
之亦得功用自謂爲正。豈知是邪。若但用比量者。旣無聖敎
及自所見。約何比度。比度何法。故須三量勘同方爲決定。
禪宗已多有現比二量。今更以經論印之則三量備矣。

다섯째의 '세 가지 인식방법은 판단에 있어 모름지기 계합
되어야 한다.'는 것은 서역의 성현들이 이해하는 法義는 모두
三量으로 판정해야 한다는 것을 말한다. 첫째는 比量이고, 둘
째는 現量이며, 셋째는 佛言量이다.

量이란 度量으로 마치 되나 말로 사물을 헤아려 판단하고
아는 것과 같다. 비량은 因由와 譬喩로 비교하여 헤아리는 것
이다. 마치 멀리 연기가 보이는 곳에는 반드시 불이 있음을
아는 것과 같다. 비록 불이 보이지는 않지만 그와 같이 판단
하는 것이 허망한 것은 아니다. 현량은 직접 자신이 現見하는
것으로 추측하거나 헤아리는 것이 아니므로 자연히 판단되는
것이다. 불언량은 제경으로 판단을 하는 것이다.

모름지기 계합되어야 한다는 것은 다음과 같다.

만약 단지 부처님의 말씀에만 의지할 뿐 자신이 비교하고
헤아려 自心을 證悟하지 못하는 자라면 경박한 믿음에 불과
하여 자기에게는 아무런 이익도 없다.[26]

만약 단지 현량만 취하여 자기가 본 것만으로 판단을 삼고

---

24) 1493년 전라도 고산 佛名山 花巖寺 重刊本 및 明 萬力 4년(조선 선조 9년
  1576년)본에는 '自心'이 없다.
25) 1493년 전라도 고산 佛名山 花巖寺 重刊本 및 明 萬力 4년(조선 선조 9년
  1576년)본에는 '六師'가 없다.
26) 불언량으로만 판단하는 잘못을 지적한 것이다.

부처님의 말씀을 살피지 않으면 어찌 邪正을 알 수 있겠는가.
가령 육사외도의 경우에도 자기들이 직접 現見한 도리에 집
착하여 그에 따라 수행하고 공용을 터득하여 스스로 그것을
옳다고 말한다. 그렇다면 이 경우 외도들이 잘못되었다고 어
찌 알겠는가.27)

만약 단지 비량에만 의거하여 판단한다면 그것은 성인의 가
르침과 직접 現見한 것을 무시하는 것이므로 다시 무엇에 의거
하여 비교하고 헤아리며 어떤 법을 비교하고 헤아리겠는가.28)

때문에 모름지기 三量을 동원하여 계합되어야 바야흐로 판
단을 결정할 수가 있다. 선종의 경우 이미 현량과 비량은 충
분하기 때문에 이제 여기에 경론의 불언량을 가하여 판단하면
곧 삼량이 모두 갖추어진다.

6) 많은 의심에 대하여 모름지기 깨끗이 풀어 줘야 한다

六疑有多般須具通決者。數十年中頻有經論大德。問余
曰。四禪八定皆在上界。此界無禪。凡修禪者。須依經論引
取上界禪定而於此界修習。修習成者。皆是彼禪。諸敎具
明。無出此者。如何離此別說禪門。旣不依經卽是邪道。又
有問曰。經云。漸修祇劫方證菩提。禪稱頓悟刹那便成正
覺。經是佛語。禪是僧言。違佛遵僧。竊疑未可。又有問
曰。禪門要旨無是無非。塗割怨親不嗔不喜。何以南能北秀
水火之嫌。荷澤洪州參商之隙。又有問曰。六代禪宗師資傳

---

27) 현량으로만 판단하는 잘못을 가리킨다.
28) 비량에만 의존하는 것은 그 도리가 옳고 그름을 판단할 근거가 없음을 가리킨다.

授禪法。皆云。內授密語外傳信衣。衣法相資以爲符印。曹
溪已後不聞此事。未審今時化人說密語否。不說則所傳者非
達摩之法。說則聞者盡合得衣。又有禪德。問曰。達摩傳心
不立文字。汝何違背先祖講論傳經。近復問曰。淨名已呵宴
坐。荷澤每斥凝心。曹溪見人結跏曾自將杖打起。今問
<聞?>。29)　汝每因敎誡卽勸坐禪。禪菴羅列遍於巖壑。乖宗
違祖。吾竊疑焉。余雖隨時各已酬對。然疑者千萬。恐其未
聞。況所難之者情皆遍執。所執各異。彼此互違。因決申30)
疑復增已31)病。故須開三門義。評一藏經。總答前疑無不通
徹(下隨相當文義一一脚注。指之答此諸難。欲見答處。須檢
注文也)

　여섯째의 '많은 의심에 대하여 모름지기 깨끗이 풀어 줘야
한다.'는 것은 경론의 더덕들이 수십 년 동안 나 종밀한테 물
은 다음과 같은 내용에 대한 것이다.

　묻는다 : 사선팔정은 모두 천상세계에만 있지 이 세계에는
그와 같은 선이 없다. 그러므로 무릇 수선자는 모름지기 경론
에서 설한 천상계의 선정을 가져다가 이 세상에서 수습해야
한다. 수습하여 그것을 성취한 자는 모두 천상계의 선정이었
다. 이것은 제교에서 자세히 설명했듯이 이 경우를 벗어난 경
우는 없었다. 그런데 어찌 사선팔정을 벗어나 달리 선문을 설
하는가. 이미 경전에 의거하지 않은 것이라면 그것은 사도이다.

　또 묻는다 : 경전에서는 아승지겁토록 점수해야 바야흐로

---

29) 1493년 전라도 고산 佛名山 花巖寺 重刊本에 따라 '聞'으로 고친다.

30) 1493년 전라도 고산 佛名山 花巖寺 重刊本에는 '甲'이라 하였다.

31) 1493년 전라도 고산 佛名山 花巖寺 重刊本에는 '乙'이라 하였다.

보리를 증득한다고 말한다. 그런데 선문에서는 돈오의 찰나에 정각을 성취한다고 말한다. 경은 부처님의 말씀이고 선은 수행자의 말이다. 그러므로 부처님을 등지고 수행자를 따르는 것이므로 의심스러워 도저히 수용할 수가 없다.

또 묻는다 : 선문의 要늡는 어느 쪽에 옳고 그름이 없고, 도움과 방해 및 원수와 은친에게도 성냄도 없고 기뻐함도 없다. 그런데 어찌하여 남종의 혜능과 북종의 신수 사이에는 서로 물과 불처럼 싫어하고, 하택종과 홍주종 사이에는 서로 아득히 멀리한단 말인가.

또 묻는다 : 육대에 걸쳐 스승과 제자가 전수한 선법은 모두 안으로는 密語를 전하고 밖으로는 信衣를 전했다고 하여, 衣와 法이 相資하여 계합된 것으로 간주한다. 그런데 조계 대사 이후로는 그 소식을 들어 본 적이 없다. 과연 오늘날에도 그와 같이 사람들을 교화할 경우 밀어를 설하는가. 설해지지 않았다면 전승된 것은 달마의 선법이 아닐 터이고, 설해졌다면 그 법을 들은 자는 모두 衣를 받았어야 할 것이다.[32]

또 어떤 선덕이 묻는다 : 달마는 불립문자의 방식으로 傳心하였는데 어찌 그대들은 달마조사와는 달리 경론을 강의하고 전승하는가.

근래에 또 묻는다 : 유마는 이미 사리불의 宴坐를 꾸짖었고, 하택은 북종의 선자들이 늘 凝心하는 것을 배척하였으며, 조계는 결가부좌의 자세에만 집착하는 사람을 보면 일찍이 몸소 주장자로 때려 일으켜 세웠다. 그런데도 지금 듣자 하니

---

32) 그런데 지금 우리들이 衣를 지니고 있지 않은 것은 달마의 선법이 설해지지 않았다는 증거이고, 달마의 선법이 전해졌다고 해도 그것은 密語가 아니라 現語가 되어 버렸다는 증거이다.

그대들은 늘 좌선을 권장하는 것으로 가르치고 훈계하여 禪菴이 널리 산골에 즐비하다는데 그것은 不立文字라는 선의 종지에 어긋나고 密語했다는 달마조사의 뜻에서 벗어난 것이 아닌가 하고 나 선덕은 심히 의심하지 않을 수 없다.

답한다 : 나 종밀은 수시로 그러한 질문에 응대해 주었지만 의심하는 자가 너무나 많아 아직도 답변을 듣지 못한 자를 연민하는 바이다. 하물며 따지고 묻는 자들은 모두 치우친 생각에다 집착하는 바도 달라서 그들 피차간에도 어긋나 있다. 그래서 질문한 의심을 해결해 주어도 그로 인하여 더욱더 다른 번뇌가 증장될 뿐이다. 때문에 모름지기 三門 이를테면 선의 三宗과 교의 三敎를 내세워 一大藏經을 평하고 총체적으로 위의 질문에 답하여 通徹하지 못함이 없게 하겠다(이하 해당하는 문장에서 낱낱이 주석을 가하면서 그 모든 질문에 답변을 했으므로 답변을 보고자 하면 모름지기 주석의 문장을 살펴보기 바란다).

7) 비록 法과 義가 다르지만 모름지기 그것을 잘 변별해야 한다

七法義不同善須辨識者。凡欲明解諸法性相。先須辨得法義。依法解義。義卽分明。以義詮法。法卽顯著。今且約世物明之。如眞金隨工匠等緣作闍＜鐶?＞[33]釧碗盞種種器物。金性必不變爲銅鐵。金卽是法。不變隨緣是義。設有人間。

---

33) 1493년 전라도 고산 佛名山 花巖寺 重刊本 및 明 萬力 4년(조선 선조 9년 1576년)본의 ‘鐶’으로 고친다.

說何物不變。何物隨緣。只合答云金也。以喩一藏經論義
理。只是說心。心卽是法。一切是義。故經云。無量義者從
一法生。然無量義統唯二種。一不變。二隨緣。諸經只說此
心隨迷悟緣成垢淨凡聖煩惱菩提有漏無漏等。亦只說此心垢
淨等時元來不變常自寂滅眞實如如等。設有人問。說何法不
變。何法隨緣。只合答云心也。不變是性。隨緣是相。當知
性相皆是一心上義。今性相二宗互相非者。良由不識眞心。
每聞心字將謂只是八識。不知八識但是眞心上隨緣之義。故
馬鳴菩薩以一心爲法。以眞如生滅二門爲義。論云。依於此
心顯示摩訶衍義。心眞如是體。心生滅是相用。只說此心不
虛妄故云眞。不變易故云如。是以論中一一云心眞如心生
滅。今時禪者多不識義。故但呼心爲禪。講者多不識法。故
但約名說義。隨名生執難可會通。聞心爲淺聞性謂深。或卻
以性爲法以心爲義。故須約三宗經論相對照之法義旣顯。但
歸一心自然無諍。

　일곱째의 ‘비록 法과 義가 다르지만 모름지기 그것을 잘
변별해야 한다.’는 것은 무릇 제법의 性과 相을 분명하게 이
해하려면 먼저 모름지기 法과 義를 변별해야 함을 말한다. 法
에 의거하여 義가 이해되면 義가 분명하고, 義로써 法을 설명
하면 法이 곧 분명하게 드러난다. 이제 여기에서는 일반적인
것을 들어서 그것을 설명하겠다.
　저 진금은 工匠의 인연을 따라 반지·팔찌·그릇·찻잔 등
갖가지 물건으로 만들어진다. 그러나 금의 성품은 결코 구리
나 철로 변하지 않는다. 이 경우 금 자체는 法이고 금의 불변
과 수연[34]은 義이다. 가령 어떤 사람이 “불변이란 무엇이고

수연이란 무엇을 말하는 겁니까."라고 물을 경우에 두 질문을 싸잡아서 단지 금일 뿐이라고 답변한다.

以喩一藏經論義理。只是說心。心卽是法。一切是義。故
經云。無量義者從一法生。然無量義統唯二種。一不變。二
隨緣。諸經只說此心隨迷悟緣成垢淨凡聖煩惱菩提有漏無漏
等。亦只說此心垢淨等時元來不變常自寂滅眞實如如等。設
有人問。說何法不變。何法隨緣。只合答云心也。不變是
性。隨緣是相。當知性相皆是一心上義。今性相二宗互相非
者。良由不識眞心。每聞心字將謂只是八識。不知八識但是
眞心上隨緣之義。故馬鳴菩薩以一心爲法。以眞如生滅二門
爲義。論云。依於此心顯示摩訶衍義。心眞如是體。心生滅
是相用。只說此心不虛妄故云眞。不變易故云如。是以論中
一一云心眞如心生滅。今時禪者多不識義。故但呼心爲禪。
講者多不識法。故但約名說義。隨名生執難可會通。聞心爲
淺聞性謂深。或卻以性爲法以心爲義。故須約三宗經論相對
照之。法義旣顯。但歸一心自然無諍。

그리고 一大藏經의 경론의 뜻과 도리가 단지 心을 설명했
을 뿐이라는 것에 비유한다면 心은 곧 法이고 一切는 곧 義
이다. 때문에 경전에서 "무량한 뜻도 일법에서 나왔다."[35]고
말한다. 그러나 무량한 뜻도 통합하면 두 가지일 뿐이다. 첫째
는 불변이고, 둘째는 수연이다. 여러 경전에서는 단지 "마음이

---

34) 금의 속성은 불변이지만 연을 따라 반지나 팔찌 등으로 모습이 변하는 것을 가
   리킨다.

35) 『無量義經』(大正藏9, p.385下)

迷·悟의 연을 때라서 垢·淨, 凡·聖, 煩惱·菩提, 有漏·無漏 등을 성취한다."고 말하고 또 "다만 마음의 垢·淨, 凡·聖, 煩惱·菩提, 有漏·無漏 등의 경우에도 원래는 불변으로 常自寂滅하고 진실하며 여여하다. 운운."이라고 설한다.

설령 어떤 사람이 "어떤 법을 불변이라 하고 어떤 법을 수연이라 설하는가."라고 묻는다면 두 가지 질문을 싸잡아서 단지 心이라고만 답한다. 불변은 性이고 수연은 相이라 해도 그 性과 相은 모두 일심에서 말하는 뜻인 줄을 알아야 한다. 그런데도 지금 성종과 상종이 서로 상대에 대하여 틀린 주장이라고 말하는 것은 진실로 진심을 모르는 탓이다. 心이라는 글자를 대할 때마다 그것은 다만 팔식일 뿐이라고 말하면서도 그 팔식조차도 단지 진심의 뜻에 불과한 줄은 모른다.

때문에 마명보살은 일심을 法이라 하고, 진여문과 생멸문을 義라 하였다. 『기신론』에서는 "이 衆生心에 의하여 대승의 義가 드러난다."36)고 말하였고 또 "심진여는 대승의 體이고 심생멸은 대승의 體의 相·用이다."37)고 말하였다. 그리고 단지 그 중생심은 허망하지 않으므로 眞이라 말하고 변역하지 않으므로 如라 말한다고 설한다. 그래서 『기신론』에서는 그 각각에 대하여 심진여와 심생멸이라 말한다.

그런데 요즘의 선자들은 義를 모르기 때문에 단지 心만을 일컬어 선이라 하고, 강자들은 대개가 法을 모르기 때문에 名에만 의거하여 法을 설한다. 이처럼 名을 따라 집착을 내면

---

36) 眞諦 譯, 『大乘起信論』(大正藏32, p.575下) "摩訶衍者 總說有二種 云何爲二 一者法 二者義 所言法者 謂衆生心 是心則攝一切世間法出世間法 依於此心顯示摩訶衍義"

37) 眞諦 譯, 『大乘起信論』(大正藏32, p.575下) "是心眞如相 卽示摩訶衍體故 是心生滅因緣相 能示摩訶衍自體相用故"

회통하기가 어렵다. 곧 心이라는 명칭에 대해서는 淺하다고
간주하고, 性이라는 명칭에 대해서는 深하다고 간주하며 또
性으로 法을 삼기도 하고 心으로 義를 삼기도 한다. 때문에
모름지기 三宗에 의거하여 경론을 서로 대비시켜 비추어 보
아야 한다. 이리하여 法과 義가 드러나면 그것을 무릇 일심으
로 귀일시킨다. 그러면 자연히 다툼이 없어진다.

8) 마음이 性과 相에 달통하면 명칭은 같더라도 뜻이 다름 을 안다

八心通性相名同義別者。諸經或毀心是賊。制令斷除。或
讚心是佛。勸令修習。或云善心惡心淨心垢心貪心嗔心慈心
悲心。或云託境心生。或云心生於境。或云寂滅爲心。或云
緣慮爲心。乃至種種相違。若不以諸宗相對顯示。則看經者
何以辨之。爲當有多種心。爲復只是一般心耶。今且略示名
體。汎言心者。略有四種。梵語各別翻譯亦殊。一紇利陀
耶。此云肉團心。此是身中五藏心也(具如黃庭經五藏論說
也)。二緣慮心。此是八識。俱能緣慮自分境故(色是眼識境。
乃至根身種子器世界是阿賴耶識之境。各緣一分。故云自
分)。此八各有心所善惡之殊[38]。諸經之中。目諸心所總名心
也。謂善心惡心等。三質多耶。此云集起心。唯第八識。積
集種子生起現行故(黃庭經五藏論。目之爲神。西國外道。計
之爲我。皆是此識)。四乾栗陀耶。此云堅實心。亦云貞實

心39)。 此是眞心40)也。 然第八識無別自體。 但是眞心以不覺
故。 與諸妄想有和合不和合義。 和合義者。 能含染淨目爲藏
識。 不和合<義＋>者。 體常不變目爲眞如。 都是如來藏。
故楞伽云。 寂滅者名爲一心。 一心者卽如來藏。 如來藏亦是
在纏法身。 如勝鬘經說。 故知四種心本同一體。 故密嚴經
云。 佛說如來藏(法身在纏之名)以爲阿賴耶(藏識)惡慧不能知
藏卽賴耶識(有執眞如與賴耶體別者。 是惡慧)如來淸淨藏世間
阿賴耶。 如金與指鐶展轉無差別(指鐶等喩賴耶。 金喩眞如。
都名如來藏)。 然雖同體。 眞妄義別本末亦殊。 前三是相後一
是性。 依性起相蓋有因由。 會相歸性非無所以。 性相無礙都
是一心。 迷之卽觸面向牆。 悟之卽萬法臨鏡。 若空尋文句。
或信胸襟。 於此一心性相如何了會。

　여덟째의 '마음이 性과 相에 달통하면 명칭은 같더라도 뜻
이 다름을 안다.'는 것은 곧 다음과 같은 내용에 대한 것이다.
제경에서는 어떤 경우에는 心을 도적으로 비방하여 心을 단
제하라고 제어하고, 어떤 경우에는 心을 부처로 찬탄하여 수
습하라고 권장하며, 어떤 경우에는 善心·惡心·淨心·垢
心·貪心·嗔心·慈心·悲心이라 말하기도 하고, 어떤 경우
는 心이 경계를 의탁하여 생겨난다고 말하고, 어떤 경우에는
心이 경계를 생기한다고 말하며, 어떤 경우에는 心을 寂滅이
라 말하고, 어떤 경우에는 心을 緣慮라 말하며, 또 갖가지로
다르게 말한다.

---

39) '貞實心'이 明 萬力 4년(조선 선조 9년 1576년)본에는 '眞實心'이다.
40) '眞心'에 해당하는 표현이 1493년 전라도 고산 佛名山 花巖寺 重刊本 및 明
　　萬力 4년(조선 선조 9년 1576년)본에는 '眞實心'이다.

그러므로 만약 제종을 서로 대비시켜 드러내지 않으면 看經하는 자의 경우 과연 心은 여러 가지인가, 아니면 또 과연 心은 단지 한 가지 뿐인가를 어찌 변별하겠는가. 그래서 이제 心의 名과 體를 간략하게 들어 본다. 무릇 心에는 간략하게 네 가지가 있다. 그래서 범어도 각각 다르고 그 번역도 역시 다르다.

첫째는 紇利陀耶인데 번역하면 肉團心이다. 이것은 신체에 들어 있는 五藏心이다(구체적으로는 도교의 『黃庭經』에서 말하는 五藏에 대한 설명과 같다).

둘째는 緣慮心인데 번역하면 八識이다. 그 모두가 自分의 경계를 연려하기 때문이다(색은 안식의 경계이고, 根身과 種子와 器世界는 아뢰야식의 경계이다. 이처럼 각각 일분을 연려하므로 自分이라 한다). 이 팔식에는 각각 심소가 있어 선악의 차이가 있다. 제경에서는 심소를 가리켜 心이라 總名한다. 가령 선심 및 악심과 같다.

셋째는 質多耶인데 번역하면 集起心이다. 오직 제팔식만이 종자를 적집하고 현행을 생기하기 때문이다(가령 『황정경』의 오장에 대한 설명에서는 그것을 가리켜 神이라 하였고, 인도의 외도들은 그것을 我[41]로 간주한 것은 모두 집기심이다).

넷째는 乾栗陀耶인데 번역하면 堅實心 또는 貞實心으로 이를테면 眞心이다. 그런데 제팔식에는 달리 자체가 없고 단지 진심일 뿐인데도 그것을 모르기 때문에 갖가지 망상으로 인하여 화합한다, 화합하지 않는다는 뜻이 생겨난다. 화합한다는 뜻은 染과 淨을 포함한다는 것으로 그것을 藏識이라 한다.

---

41) 이 경우 我는 영원불멸한 실체적인 我를 가리킨다.

화합하지 않는다는 뜻은 체가 영원히 불변한다는 것으로 그것을 眞如라 한다. 그러나 이것들은 모두 如來藏이다. 때문에 『능가경』에서는 "적멸을 일심이라 이름한다. 일심은 곧 여래장이다."라고 말한다. 여래장은 또한 在纏法身이기도 하다. 저『승만경』에서 설하는 바와 같다.

때문에 네 가지 마음은 본래 동일한 체임을 알아야 한다. 이에 『밀엄경』에서는 "부처님은 여래장(法身在纏의 경우를 가리킨다)을 설하여 아뢰야식[藏識]으로 간주한다."고 말한다. 그러나 惡慧로는 장식이 곧 아뢰야식(진여에 집착하여 그것이 아뢰야와 같은 줄을 모르는 것이 惡慧이다)인 줄을 모른다. 여래의 청정한 장식과 세간의 아뢰야식은 마치 금과 금반지의 관계와 같아서 展轉해도 차별이 없다(반지는 아뢰야식의 비유이고 금은 진여의 비유이다. 그 모두 여래장이라 이름한다).

그러나 비록 體가 같을지라도 眞과 妄의 뜻으로 갈라지고 또한 本과 末로 나뉜다. 앞의 세 가지 心은 相이고 마지막 한 가지 心은 性이다. 性에 의거하여 相을 일으키는 데에는 일반적으로 因由가 있고, 相을 회통하여 性으로 되돌리는 데에도 이유가 없지 않다. 性과 相은 걸림이 없어 모두 一心이다. 그래서 일심에 미혹하면 대하는 것마다 막히지만, 일심을 깨치면 만법이 거울에 비치듯이 분명하다. 만약 공연히 文句만 뒤적인다든가, 자기의 생각만 믿는다면 일심의 性과 相을 어찌 알겠는가.

9) 悟와 修 및 頓과 漸은 어긋나는 듯 보이지만 서로 부합된다

九悟修頓漸似反而符者。謂諸經論及諸禪門。或云先因漸修功成。豁然頓悟。或云先須頓悟方可漸修。或云由頓修故漸悟。或云悟修皆漸。或云皆頓。或云法無頓漸頓漸在機。如上等說。各有意義。言以反者。謂旣悟卽成佛本無煩惱名爲頓者。卽不應修斷。何得復云漸修。漸修卽是煩惱未盡。因行未圓。果德未滿。何名爲頓。頓卽非漸。漸卽非頓。故云相反。如下對會。卽頓漸非唯不相乖。反而乃互相資也。

아홉째의 '悟와 修 및 頓과 漸은 어긋나는 듯 보이지만 서로 부합된다.'는 것은 다음과 같다. 곧 제경론 및 제선문에서는 어떤 경우는 먼저 점수로 닦아서 공능이 성취되어 활연히 돈오한다고 말하고, 어떤 경우는 먼저 모름지기 돈오해야 바야흐로 점수할 수가 있다고도 말하며, 어떤 경우는 돈수를 말미암아 점오한다고 말하고, 어떤 경우는 悟와 修가 모두 漸이라고 말하며, 어던 경우는 悟와 修가 모두 돈이라고 말하며, 어떤 경우는 법에는 돈점이 없고 사람의 근기에 돈점이 있다고도 말한다. 이러한 설명에는 나름대로 의의가 있다.

말의 표현이 어긋나는 듯 보인다는 것은 다음과 같다. "이미 깨쳤다면 그것이 곧 성불로서 본래 번뇌가 없으므로 그것을 頓이라 이름한다. 그러면 마땅히 수행으로 끊을 것이 없다. 그런데 어째서 다시 점수라 말하는가. 그리고 점수라면 그것은 곧 번뇌가 아직 남아 있다는 것이고 因行과 果德이 원만하지 않다는 것이다. 그런더 어떻게 頓이 되겠는가. 돈이라면 그것은 점이 아니고, 점이라면 그것은 돈이 아니다." 때문에 서로 어긋나 보인다고 말한다. 그렇지만 이하에서 보여 주듯이 대비시켜 알고 나면 곧 돈과 점은 서로 어긋나지 않을 뿐만 아니라 도리어 서로 보완의 관계에 있다.

10) 스승이 방편을 구사할 때 모름지기 약과 병을 알아야 한다

十師資傳授須識藥病者。謂承上傳授方便皆先開示本性。方令依性修禪。性不易悟多由執相。故欲顯性先須破執。破執方便須凡聖俱泯功過齊祛。戒卽無犯無持。禪卽無定無亂。三十二相都是空花。三十七品皆爲夢幻。意使心無所著。方可修禪。後學淺識。便但只執此言爲究竟道。又以修習之門人多放逸。故復廣說欣厭毀責貪恚讚歎勤儉調身調息麤細次第。後人聞此又迷本覺之用。便一向執相。唯根利志堅者。始終事師方得悟修之旨。其有性浮淺者。纔聞一意卽謂已足。仍恃小慧便爲人師。未窮本末多成偏執。故頓漸門下相見如仇讎。南北宗中相敵如楚漢。洗足之誨。摸象之喩。驗於此矣。今之所述。豈欲別爲一本集而會之。務在伊圓三點。三點各別旣不成伊。三宗若乖焉能作佛。故知欲識傳授藥病。須見三宗不乖。須解三種佛敎(前敍有人難云。禪師何得講說。余今總以此十意答也。故初已敍西域祖師皆弘經論耳也)

열째의 '스승이 방편을 구사할 때 모름지기 약과 병을 알아야 한다.'는 것은 다음과 같다. 이것은 위에서 말한 모든 방편

의 전수에는 먼저 본성을 개시한 연후에 바야흐로 그 본성에
의하여 修禪토록 한다는 말을 이어받은 것이다. 본성을 쉽사
리 깨치지 못하는 것은 대부분의 경우 相에 집착하기 때문이
다. 그래서 본성을 드러내려고 하면 먼저 모름지기 집착을 깨
뜨려야 한다.

　집착을 꺼뜨리는 방편이란 모름지기 "凡과 聖을 모두 없애
야 하고, 功과 過를 모두 제거해야 하며, 계의 경우 持와 犯
을 없애야 하고, 선의 경우 定과 亂을 없애야 하며, 32상은
모두 空花와 같고, 37품은 모두 夢幻과 같다."고 여기는 것이
다. 방편의 이와 같은 뜻은 마음에 집착을 두지 말아야 바야
흐로 수선할 수 있다는 것이다. 그런데 어리석은 후학들은 곧
이 말에만 집착하여 그것을 구경도로 간주한다.[42]

　또한 선법을 수습하는 사람들의 경우 대부분 방일하다. 그
래서 다시 欣과 厭 및 貪과 恚를 꾸짖고, 勤과 儉을 찬탄하
며, 調身과 調息과 마음의 麤細에 대한 차제를 자세하게 설
해 준다. 그런데 후인들이 이런 설명을 듣고도 또 본각의 작
용에 미혹하여 곧 한결같이 相에만 집착한다. 오직 뛰어나고
의지가 굳건한 사람만 처음부터 끝까지 스승을 섬겨 바야흐로
悟와 修의 뜻을 터득한다. 그 밖에 성품이 천박한 사람은 겨
우 한 가지만 듣고도 마음에 만족하여 하찮은 그 지혜만 믿고
남의 스승노릇을 하고, 본말도 모르기 때문에 대개가 偏執에
빠지고 만다.[43]

---

42) 교학자들의 어리석음에 대하여 자상하게 일깨워 주고 타이르는 내용을 언급하고
　　있다.

43) 수선자들의 어리석음에 대하여 자상하게 일깨워 주고 타이르는 내용을 언급하고
　　있다.

이런 까닭에 頓과 漸의 문하에서는 상대를 원수처럼 대하고, 남종과 북종의 문하에서는 상대를 楚나라와 漢나라처럼 대적한다. 이에 그와 같은 예전의 잘못과 편벽된 견해를 벗어나도록 여기 『도서』를 그 증거로 삼도록 한다.

여기에서 서술하는 『도서』는 특별히 한 권의 책을 만들어 자료를 모아 회통하는 것에 있는 것이 아니라 오히려 圓伊三點(∴)44)에 주안점을 두고 있다. 원이삼점은 각기 별개로 존재하면 이미 伊字가 깨져 버린다. 이와 같이 만약 선의 三宗의 관계도 어그러지면 어찌 作佛이 가능하겠는가. 그러므로 전수하는 방편이 약이 되는지 병이 되는지 알고자 하면 모름지기 선의 三宗이 어긋나지 않는 줄을 보아야 하고, 모름지기 부처님 법문 곧 교학의 三種을 이해해야 한다(위에서 어떤 사람이 "선사가 어찌 강설할 수 있습니까."라고 질문하였다. 내가 그에 대하여 지금 열 가지 뜻으로 답변하였다. 그 때문에 처음부터 서역의 조사들은 모두 경론을 홍포하였음을 서술하였다).

禪源諸詮集都序 卷上之一

『선원제전집도서』 권상의 제일

---

44) 실담자 伊字는 三點이 삼각형 모양으로 이루어진 알파벳이다. 그러나 伊字의 三點이 관계는 上下·前後·左右가 不一不異 하고 非前非後 하여 不離不着으로 어느 쪽에도 치우침이 없는 형상이다.

『禪源諸詮集都序』 卷上之二

- 三宗과 三敎
- 達磨禪의 계승

：『禪源諸詮集都序』卷上之二
『선원제전집도서』 권상의 제이

唐 圭峰山 沙門 宗密 述
당 규봉산 사문 종밀이 서술하다.

6. 三宗과 三敎

上來十意理例昭然。但細對詳禪之三宗敎之三種。如經斗
稱足定淺深。先敍禪門。後以敎證。禪三宗者。一息妄修心
宗。二泯絶無寄宗。三直顯心性宗。敎三種者。一密意依性
說相敎。二密意破相顯性敎。三顯示眞心卽性敎。右此三敎
如次同前三宗相對一一證之。然後總會爲一味。

위의 열 가지 뜻이 지니고 있는 도리는 예로 든 바처럼 분
명하다. 다만 선의 三宗과 교의 三種을 자세하게 대비시켜 보
면 마치 경전을 헤아리는 것처럼 분명하게 深淺을 정할 수가
있다. 먼저 선문에 대하여 서술하고, 나중에 교를 통하여 그것
을 증명한다.

선의 三宗이란 첫째는 식망수심종이고, 둘째는 민절무기종이며, 셋째는 직현심성종이다. 교의 三種이란 첫째는 밀의의 성설상교이고, 둘째는 밀의파상현성교이며, 셋째는 현시진심즉성교이다. 위의 교학의 三種은 순서대로 선문의 三宗과 낱낱이 대비하면서 그것을 증명하고, 그런 연후에 총괄적으로 회통하여 일미로 삼겠다.

1) 禪의 三宗

今且先敍彈＜禪?＞宗。初息妄修心宗者。說衆生雖本有佛性。而無始無明覆之不見故輪迴生死。諸佛已斷妄想故見性了了。出離生死神通自在。當知凡聖功用不同。外境內心各有分限。故須依師言敎背境觀心息滅妄念。念盡卽覺悟無所不知。如鏡昏塵。須勤勤拂拭。塵盡明現卽無所不照。又須明解趣入禪境方便。遠離憒鬧住閑靜處。調身調息跏趺宴默。舌拄上齶心注一境。南侁北秀保唐宣什等門下。皆此類也。牛頭天台惠稠求那等。進趣方便跡卽大同。見解卽別。

먼저 선종에 대하여 서술한다.

첫째의 식망수심종은 말하자면 다음과 같다. 중생은 비록 불성이 본유하지만 무시로부터 불성이 무명에 휩싸여 보지 못하므로 생사에 윤회한다. 그러나 제불은 이미 망상을 없앴으므로 불성을 분명하게 보아 생사를 벗어나고 신통이 자재하다. 그러므로 마땅히 범부와 성인의 공용이 같지 않고, 외경과 내심에도 각각 분한이 있는 줄을 알아야 한다.

때문에 모름지기 스승의 言敎에 의거하여 외경을 등지고

내심을 관찰하여 망념을 없애야 한다. 망념이 그치고 각오하면 모르는 것이 없다. 그러므로 마치 거울에 낀 먼지처럼 모름지기 부지런히 닦아 내야 한다. 먼지가 사라지고 거울이 분명하게 드러나면 비추지 못하는 것이 없다.

또한 모름지기 禪境에 들어가는 방편을 분명히 알아 어지러운 경계를 멀리 벗어나 閑靜處에 머물러 調身하고 調息하며 跏趺坐로 宴默하여 혀를 위턱에 붙이고 한 가지 경계에 마음을 집중해야 한다.

남신지선·북종의 신수·보당종의 무주·과주의 선집 등의 문하가 모두 식망수심종의 부류이다. 우두법융·천태지의·혜조(僧稠)·구나발타라 등이 수행한 방편의 경우 그 수행방식은 대동소이해도 견해는 곧 다르다.

二泯絶無寄宗者。詃凡聖等法。皆如夢幻都無所有。本來空寂非今始無。卽此達無之智亦不可得。平等法界無佛。無衆生。法界亦是假名。心旣不有。誰言法界無修不修無佛不佛。設有一法勝過涅槃。我說亦如夢幻。無法可拘無佛可作。凡有所作皆是迷妄。如此了達本來無事。心無所寄方免顚倒。始名解脫。石頭牛頭下至徑山。皆示此理。便令心行與此相應。不令滯情於一法上。日久功至塵習自亡。則於怨親苦樂一切無礙。因此便有一類道士儒生閑僧汎參禪理者。皆說此言。便爲臻極。不知此宗不但以此言爲法。荷澤江西天台等門下亦說此理。然非所宗。

둘째의 민절무기종은 말하자면 다음과 같다.

범부와 성인 등의 가르침은 모두 몽환과 같아 전혀 집착할 바가 없고, 본래부터 공적하여 금시에 비로소 無가 된 것이 아니며,[45] 그 無에 통달하는 지혜도 역시 없다. 평등법계이므로 부처도 없고, 중생도 없으며, 그 평등법계도 역시 가명이다. 心이 이미 有가 아닌데 무엇을 평등법계라 하겠는가. 그러므로 修와 不修가 없고 佛과 不佛도 없다. 설령 열반보다 뛰어난 법이 있을지라도 나는 그것도 역시 몽환이라 설한다. 얽매일 그 어떤 법도 없고 추구할 그 어떤 부처도 없다. 무릇 조작하는 바는 죄다 미망이다. 이와 같이 요달하면 本來無事하여 마음에 걸릴 것이 없어 바야흐로 전도에서 벗어나는데 이런 경지야말로 해탈이라 말한다.

석두희천 이하 경산법흠(714∼792)의 부류에서는 모두 민절무기종의 교리를 제시한다.[46] 여기에서는 心行을 이 민절무기의 종지에 상응시켜 생각을 어떤 법에도 집착하지 못하도록 한다. 그리하여 오랜 세월에 걸쳐 공능이 성취되어 번뇌가 저절로 사라지면 怨·親 및 苦·樂 등 일체의 분별에 걸림이 없다. 이로 인하여 곧 일류의 도사·유생·閑僧들처럼 무릇 선리를 참구하는 자들은 모두 이런 교리를 궁극으로 간주한다. 그러나 민절무기종의 경우 자파가 그런 말을 가지고 법을 삼았을 뿐만 아니라 하택종·강서종·천태종 등의 문하에서도 또한 같은 도리를 설했다는 것에 대해서는 알면서도(하택종·강서종·천태종 등의 문하에서는 민절무기종의 경우처럼) 그것을 궁극의 종지로 간주하지는 않았다는 것에 대해서는 모른다.

---

45) 본래공적의 입장이기 때문에 예전에는 有였다가 지금에야 無가 된 것도 아니고 예전에는 無였다가 지금에야 有가 된 것도 아니다. 처음부터 공적하다는 반야공관의 절대적인 입장을 말한다.

46) 규봉종밀은 석두희천의 선법을 민절무기종에 포함시켰다. 이 점은 명백한 오류다.

三直顯心性宗者。說一切諸法若有若空皆唯眞性。眞性無相[47]無爲。體非一切。謂非凡非聖非因非果非善非惡等。然卽體之用而能造作種種。謂能凡能聖現色現相等。

셋째의 직현심성종은 말하자면 다음과 같다.

일체제법은 그것이 有이든 空이든 모두 진성일 뿐이다. 진성은 無相·無爲로서 그 體에는 일체가 없다. 말하자면 凡도 없고 聖도 없으며 因도 없고 果도 없으며 善도 없고 惡도 없다. 그러나 體가 그대로 用이기 때문에 온갖 것을 조작하여 凡도 만들어 내고 聖도 만들어 내며 色도 드러내그 相도 드러낸다.

於中指示心性。復有二類。一云。卽今能語言動作貪嗔慈忍造善惡受苦樂等。卽汝佛性。卽此本來是佛。陰此無別佛也。了此天眞自然。故不可起心修道。道卽是心。不可將心還修於心。惡亦是心。不可將心還斷於心。不斷不修任運自在。方名解脫。性如虛空不增不減。何假添補。但隨時隨處息業。養神聖胎增長。顯發自然神妙。此卽是爲眞悟眞修眞證也。

직현심성종의 경우 심성을 지시하는 것에 다시 두 부류가 있다.

첫째의 부류[48]는 다음과 같다. 바로 지금 여기에서 일어나

---

47) 1493년 전라도 고산 佛名山 花巖寺 重刊本 및 明 萬力 4년(조선 선조 9년 1576년)본의 경우 '無相'이 없다.

48) 강서 홍주종의 종지를 가리킨다.

는 語言·動作·貪瞋·慈忍·善惡의 행위로 받는 苦樂 등이 곧 그대의 불성이고 본래부처이다. 이것을 제외하고 달리부처가 없다. 이와 같은 천진스럽고 자연스러운 줄을 알기 때문에 수도의 마음을 일으키지 않는다. 깨침이 바로 그대의 마음이기 때문에 마음을 가지고 마음을 닦지도 않는다. 惡도 역시 바로 마음이기 때문에 마음을 가지고 마음을 단제하지도 않는다. 단제함도 않고 수행도 없이 마음대로 자재하는 그것이야말로 바야흐로 해탈이다. 불성은 허공처럼 증감이 없으므로 어찌 添補할 필요가 있겠는가. 다만 언제나 어디에서나 분별작용을 하지 않는 그대로가 마음을 수양하고 불성을 증장하며 자연의 신통묘용이 훤히 드러나는 행위이다. 이런 홍주종의 종지야말로 곧 眞悟이고 眞修이며 眞證이다.

二云諸法如夢。諸聖同說。故妄念本寂塵境本空。空寂之心靈知不昧。卽此空寂之知。是汝眞性。任迷任悟心本自知。不藉緣生不因境起。知之一字衆妙之門。由無始迷之故。妄執身心爲我起貪瞋等念。若得善友開示。頓悟空寂之知。知且無念無形。誰爲我相人相。覺諸相空心自無念。念起卽覺。覺之卽無。修行妙門唯在此也。故雖備修萬行。唯以無念爲宗。但得無念知見。則愛惡自然淡泊<薄?>。悲智自然增明。罪業自然斷除。功行自然增進。旣了諸相非相。自然無修之修。煩惱盡時生死卽絶。生滅滅已。寂照現前。應用無窮。名之爲佛。然此兩家皆會相歸性。故同一宗。

둘째의 부류[49]는 다음과 같다. 제법은 꿈과 같다고 제 성인은 한결같이 말한다. 때문에 망념은 본래 적정하고 번뇌는 본래 공허하다. 그 空·寂한 心은 靈知·不昧하다. 곧 이 공적한 知야말로 개개인의 진성으로 미혹하거나 깨치거나 心의 본래적인 자체의 知이다. 연에 의거하여 생겨난 것도 아니고 경계를 인하여 일어난 것도 아니므로 知의 일자야말로 모든 묘용의 문이다. 그런데 무시로부터 知[50]에 미혹한 까닭으로 身·心에 망집하여 我를 간주하여 탐·진 등의 망념을 일으킨다.

그러나 만약 선우의 가르침을 만나면 공적한 知를 돈오할 수 있다. 그러나 그 知 또한 無念·無形이므로 무엇을 아상·인상으로 간주하겠는가. 諸相이 공한 줄을 알면[覺] 心이 그대로 무념이 된다. 그러므로 망념이 일어나면 그것이 망념인 줄 알아야 한다. 망념인 줄 알면 그 망념은 곧 사라진다. 수행의 묘문이란 단지 이것[51] 뿐이다.

때문에 비록 만형을 두루 닦는다 하더라도 오직 무념으로 종지를 삼을 뿐이다. 두념의 지견을 터득하면 곧 증오는 저절로 淡薄해지고 悲智는 자연히 增明해지며, 죄업은 저절로 斷除해지고, 功行은 자연히 增進된다. 제 현상이 진상이 아님을 알고 나면 자연히 修하도 修의 相조차 없다. 번뇌가 모두 사라지면 생사가 곧 사라진다. 생멸이 없어지면 적조가 현전하고 응용이 무궁한데 이것을 佛이라 말한다.

그러나 위의 직현심성종 가운데 홍주종과 하택종은 모두 相을 회통하여 性으로 귀일시킨다는 점에서 동일한 종지이다.

---

49) 하택종의 종지를 가리킨다.

50) 분별을 초월한 절대지로서 본유의 진심을 가리킨다.

51) 제상은 공하므로 일체가 무념이다. 그런데도 망념이 일어난다면 일어나는 그 자체가 곧 망념인 줄 알아차리는 것이야말로 모든 수행의 요체라는 것이다.

然上三宗中。復有遵敎慢敎。隨相毀相。拒外難之門戶。
接外衆之善巧。敎弟子之儀軌。種種不同。皆是二利行門各
隨其便。亦無所失。但所宗之理卽不合有二。故須約佛和會也。

그러나 위의 선의 三宗 가운데는 또 교학을 중시하는 종파
도 있고 교학을 무시하는 종파도 있으며, 相을 인정하는 종파
도 있고 相을 부정하는 종파도 있으며, 外難을 거부하는 문호
도 있고 外衆을 받아들이는 善巧를 보이기도 한다. 이처럼 제
자들을 가르치는 儀軌가 갖가지로 다르지만 모두 자리와 이
타의 수행문으로 각각의 형편에 따른 것일 뿐이지 잘못된 것
은 없다. 다만 종지로 내세우는 도리가 합치하지 않아 다르게
나뉘었을 뿐이다. 그러므로 모름지기 佛에 의거하여 和會되어
야 한다.

2) 敎의 三敎

次下判佛敎總爲三種者。一密意依性說相敎(佛見三界六道
悉是眞性之相。但是衆生迷性而起。無別自體。故云依性。
然根鈍者卒難開悟。故目隨他所見境相說法漸度。故云說
相。說未彰顯故云密意也)

선의 三宗 다음으로 佛敎[敎學]를 판별하여 총괄적으로 三
種으로 간주한다.

첫째는 밀의의성설상교이다[52](부처님은 삼계·육도는 모두
진성의 모습이라고 본다. 그러나 다만 중생이 진성에 미혹하

---

52) 부처님의 密意를 眞性에 의거하여 境相을 설한 佛敎이다.

여 삼계·육도를 일으켰을 뿐이지 어떤 자체가 있는 것이 아
니므로 진성에 의거한다[依性]고 말한다. 그러나 근기가 둔한
자는 곧바로 개오하지 못한다. 때문에 짐짓 다른 소견의 境相
을 따라 설법하여 점차 제도한다. 그래서 상을 설한다[說相]
고 말한다. 그러나 그 說이 아직 드러나지 않았기 때문에 密
意라 말한다).

此一敎中自有三類。一人天因果敎。說善惡業報令知因果
不差。懼三途苦求人天樂。修施戒禪定等一切善行。得生人
道天道乃至色界無色界。此名人天敎。

이 밀의의성설상교에는 세 부류가 있다.
첫째는 인천인과교이다. 선악의 업보를 설하여 인과에 어긋
남이 없음을 알아 삼악도를 두려워하고 인천의 즐거움을 추구
하도록 한다. 보시·지계·선정 등 일체의 선행을 닦아 인·천
의 세상 내지 색계·무색계에 태어나므로 인천교라 말한다.

二說斷惑滅苦樂＜樂－？＞53)敎。說三界不安皆如火宅之
苦。令斷業惑之集。修道證滅。以隨機故。所說法數一向差
別。以揀邪正。以辨凡聖。以分忻厭。以明因果。說衆生五
蘊都無我主。俱是形骸之色。思慮之心。從無始來因緣力
故。念念生滅相續無窮。如水涓涓。如燈焰焰。身心假合似
一似常。凡愚不覺執之爲我。寶＜保？＞54)此我故卽起貪(貪名

---

53) 1493년 전라도 고산 佛名山 花巖寺 重刊本 및 明 萬力 4년(조선 선조 9년
　　1576년)본의 경우 '樂'이 없다.
54) 1493년 전라도 고산 佛名山 花巖寺 重刊本 및 明 萬力 4년(조선 선조 9년

利榮我)嗔(嗔違情境恐侵損我)癡(觸向錯解非理計校)等三毒。

둘째는 단혹멸고교이다.

삼계는 불안하여 모든 것이 마치 불난 집에 사는 고통과 같다고 설한다. 그리하여 업·혹의 集因을 단제하고 수도하여 열반을 증득하도록 한다. 근기에 따르기 때문에 설한 법수에는 늘 차별을 두어 邪·正을 간별하고, 凡·聖을 변별하며, 忻·厭을 나누고 因·果를 설명한다. 그리고 중생은 오온으로 모두 我主가 없고 단지 형질의 色과 사려의 心만 구비하고 있을 뿐이므로 무시이래로 인연의 힘에 의하여 염념에 생멸하고 무궁토록 상속함이 마치 끝없이 흐르는 물과 같고 끊임없이 타오르는 불길과 같다고 설한다. 凡愚는 身·心이 가화합일 뿐인데도 동일한 것 같고 영원한 것과 같이 보이는 것에 불과한 줄도 모르고 그 身·心을 我라고 집착하고 그 我를 보배처럼 소중히 여겨 보존하려고 한다. 때문에 貪(貪은 명예와 이익으로 我를 영화롭게 하는 것)·嗔(嗔은 자기의 의도와는 달리 자기가 손해를 입을까 협박하는 것)·癡(癡는 경계를 잘못 이해하여 도리에 어긋나게 계교하는 것) 등 삼독을 일으킨다.

三毒擊於意識。發動身口造一切業。業成難逃(影隨形響應聲)故受五道苦樂等身(此是別業所感)三界勝劣等處(所居處此是共業所感)。於所受身還執爲我。還起貪等造業受報。身則生老病死。死而還生。界則成住壞空。空而復成。劫劫生生

<hr>

輪迴2不絶。無始無終如級井輪。都由不了此身本不是我(此
上皆是前人天教中世界因果也。前但令厭下忻上。未說三界
皆可厭患。又未破我。今具說之。卽苦集二諦也。下破我執
令修滅道二諦。明出世因果。故名四諦敎)

　삼독이 의식을 휘젓고 身·口를 발동하여 일체의 업을 짓
는데 업이 성취되면 피하기가 어렵다(그림자는 형체를 따르고
메아리는 소리에 응한다). 때문에 五道의 苦·樂과 같은 身
(별업으로 감응된 것이다)과 삼계의 勝·劣과 같은 處(거처로
서 공업으로 감응된 것이다)를 받는다. 이렇게 받은 身에 다
시 집착하여 我로 삼고, 그로부터 다시 貪·嗔 등을 일으켜
업을 짓고 과보를 받는다.

　身은 생·노·병·사하고, 죽었다가 다시 생한다. 三界는
성·주·괴·공하고, 空이 되었다가 다시 成이 된다. 이리하
여 겁겁생생 하도록 윤회가 끊이지 않아 無始無終으로 마치
우물의 물을 긷는 두레박과 같다. 이것은 모두 자기의 身이
본래 我가 아닌 줄을 모르는 것에서 유래한다(이상은 모두 위
의 인천교에서 말하는 세간의 인과이다. 위에서는 단지 지옥
을 싫어하고 천상을 좋아하도록 할 뿐이었지 아직 삼계가 모
두 싫어해야 할 대상임은 설하지 않았고 또 아직 我를 타파
하지도 못하였다. 그런데 이제 여기에서는 그것에 대하여 자
세하게 설한 것인데 곧 고제와 집제이다. 이하에서는 아집을
타파하고 멸제와 도제를 닦도록 하여 출세간의 인과를 설명한
다. 때문에 사제교라 말한다).

　不是我者。此身乃因色心和合爲相。今推尋分析。色有地

水火風之四類。心有受(領納好惡之事)想(取像)行(造作一切)識
(一一了別)之四類(此四與色都名五蘊)若皆是我。卽成八我。
況色中復有三百六十段骨。段段各別皮毛筋肉肝心肺腎各不
相是(皮不是毛等)諸心數等亦各不同。見不是聞。喜不是怒。
旣有此衆多之物。不知定取何者爲我。若皆是我。我卽百千
一身之中多主紛亂。離此之外復無別法。翻覆推我皆不可得。

이 身이 我가 아닌 이유는 다음과 같다. 이 身은 본래 色
과 心의 화합을 인하여 형상이 된 것이다. 이제 그것을 따져
분석해 보면 色에도 지·수·화·풍의 네 가지가 있고, 心에
도 수(好事·惡事를 받아들이는 것)·상(이미지를 취하는
것)·행(일체를 조작하는 것)·식(낱낱이 요별하는 것)의 네
가지가 있다(수·상·행·식의 네 가지에다 색을 합하여 오
온이라 말한다). 만약 이 色과 心이 모두 我라면 곧 여덟 개
의 我가 되고 만다. 하물며 色에도 다시 360개의 뼈가 있고,
뼈마다 각각 개별적으로 皮·毛·筋·肉·肝·心·肺·腎
등이 있어 각각 다른 모습을 하고 있다(곧 피부는 터럭이 아
니고 터럭은 근육이 아니며 …). 그리고 諸心數(諸心所有法
곧 諸心의 작용)도 또한 같지 않다. 곧 見은 聞이 아니고, 喜
는 怒가 아니다. 이미 이와 같이 많은 것들이 있으므로 어떤
것을 정하고 취하여 我로 간주할 것인지 알 수가 없다.

만약 色과 心의 모든 것이 我라면 我는 곧 백천 가지나 되
어 一身에 수많은 주인이 있어 분란이 생겨난다. 그렇다고 이
色과 心을 벗어나서 다시 딱히 다른 법도 없다. 그렇다고 뒤
집어서 我를 찾으려 해도 모두 찾을 수가 없다.

便悟此身心等俱＜任?＞是衆緣似和合相元非一體。似我人相元非我人。爲誰貪嗔。爲誰殺盜。誰修戒施。誰生人天(知苦集也)遂不滯心於三界有漏善惡(斷集諦也)但修無我觀智(道諦)以斷貪等止息諸業。證得我空眞如。得須陀洹昊。乃至滅盡患累得阿羅漢果(滅諦)灰身滅智永離諸苦(諸阿含等六百一十八卷經。婆沙俱舍等六百九十八卷論。皆唯說此小乘及前人天因果。部帙雖多理不出此也)

그러므로 곧 이 身·心 등은 단지 여러 가지 인연이 짐짓 화합된 모습으로 원래 一體가 아니고, 짐짓 아상과 인상처럼 보이지만 아상과 인상이 없는 줄 깨치면 무엇 때문에 貪·嗔을 부리고, 무엇 때문에 殺·盜를 하며, 무엇 때문에 戒·施를 닦고, 무엇 때문에 人·天에 태어나겠는가(고제와 집제를 아는 것이다). 그리하여 마침내 心을 삼계의 유루·선악에 두지 않고(집제를 단제하는 것이다), 무릇 무아라고 관찰하는 지혜를 닦는다(도제를 실천하는 것이다). 이로써 탐·진·치를 단제하고 제업을 止息하며 아공의 진여를 증득하여 수다원과를 터득하고 모든 번뇌를 없애고 아라한과를 터득한다(멸제를 성취하는 것이다). 곧 灰身滅智하여 영원히 모든 고를 벗어난다(모든 『아함경』 등 618권의 경전 및 『대비바사론』·『구사론』 등 698권의 논에서는 모두 오직 소승 및 위의 인천인과교에 대해서만 설한다. 때문에 비록 部帙은 많지만 그 도리는 이 斷惑滅苦敎를 벗어나지 않는다).

三將識破境敎(說前所說境相。若起若滅。非唯無我。亦無如上等法。但是情識虛妄變起。故云將識破境也)說上生滅等

法不關眞如。但各是衆生無始已來法爾有八種識。於中第八
藏識。是其根本。頓變根身器界種子。轉生七識。各能變現
自分所緣(眼緣色。乃至七緣八見。八緣根種器界)。此八識外
都無實法。

셋째는 장식파경교이다(위의 인천인과교 및 단혹멸고교에서
는 "기·멸의 境相은 무아일 뿐만 아니라 그런 境相도 또한
없다. 단지 情識이 허망하게 變起한 것에 불과하다. 때문에
식으로 경계를 타파한다."는 것을 설하였다).
장식파경교에서는 다음과 같이 설한다.
생멸법은 진여와는 상관없다. 다만 각각의 중생에게는 무시
이래로 법이연하게 8종식이 있다. 그 가운데 第8의 장식이 그
근본으로 홀연히 根身·器界·種子를 변화시켜 제7식을 轉
生한다. 이렇듯이 각 식은 자분의 소연경계를 變現한다(眼은
色을 반연하고, 제7식은 제8식의 見分을 소연하며, 제8식은
根身·種子·器界 등을 소연한다). 그러므로 이 8식을 벗어
나서는 실법이란 전혀 없다.

問如何變耶。答我法分別熏習力故。諸識生時變似我法。
六七二識無明覆故。緣此執爲實我實法。如患(病重心昏見異
色人物)夢(夢相＜想？＞所見可知)者。患夢力故。心似種種外
境相現。夢時執爲實有外物。寤來方知唯夢所變。我此身相
及於外境。亦復如是。唯識所變。迷故執有我及諸境。旣悟
本無我法唯有心識。遂依此二空之智。修唯識觀及六度四攝
等行。漸漸伏斷煩惱所知二障。證二空所顯眞如。十地圓
滿。轉八識成四智菩提也。眞如障盡。成法性身大涅槃也。

解深密等數十本經。瑜伽唯識數百卷論。所說之理。不出此也。此上三類都爲第一密意依性說相教。

　문는다 : 어떻게 변현하는가.
　답한다 : 我·法을 분별하는 훈습력 때문에 제 식이 생겨날 때 짐짓 我·法과 같이 변현한다. 제6식과 제7식은 무명에 휩싸여 있기 때문어 그것을 반연하여 실아·실법으로 집착한다. 저 患(병이 도짐에 따라 마음이 혼침하여 이색의 人·物을 보는 것이다)과 夢(누구나 다 알다시피 꿈을 꾸는 것을 말한다)의 경우 患·夢의 훈습력으로 인하여 마음이 마치 갖가지 바깥 境相으로 나타난다. 꿈속에서는 실제라고 외물이 있는 것으로 집착하지만 잠을 깨서야 바야흐로 오직 꿈속의 변현이었음을 안다. 자신의 身相 및 외경도 또한 그와 마찬가지로 오직 식의 변현일 따름이다. 그래서 미혹할 경우는 有我 및 諸境에 집착하다가도 깨어나면 본래 我·法이 없고 오직 심식만 있을 뿐이다. 이쯤 되면 아공·법공의 지혜에 의하여 유식관 및 육바라밀·사섭법 등을 수행하여 점점 번뇌장과 소지장을 단제하고 아공·법공으로 드러난 진여를 증득한다. 이로써 십지가 원만해져 팔식을 전변하여 四智의 菩提를 성취하고, 진여에 대한 장애가 사라져 법성신의 대열반을 성취한다. 『해심밀경』등 수십 권의 경전과 『유가론』·『유식론』등 수백 권의 논서에서 설한 도리도 바로 장식파경교의 내용을 벗어나지 않는다. 위의 인천인과교·단혹멸고교·장식파경교는 모두 첫째의 밀의의성설상교에 해당한다.

然唯第三將識破境教。與禪門息妄修心宗而相扶會。以知

外境皆空故不修外境事相。唯息妄修心也。息妄者。息我法
之妄。修心者。修唯識之心。故同唯識之敎。旣與佛同。如
何毀他漸門息妄看淨時時拂拭凝心住心專注一境及跏趺調身
調息等也。此等種種方便。悉是佛所勸讚。淨名云。不必坐
不必不坐。坐與不坐任逐機宜。凝心運心各量習性。當高宗
大帝乃至玄宗朝時。圓頓本宗未行。北地唯神秀禪師大揚漸
敎。爲二京法主三帝門師。全稱達摩之宗。又不顯卽佛之
旨。曹溪荷澤。恐圓宗滅絕。邃呵毀住心伏心等事。但是除
病。非除法也。況此之方便本是五祖大師敎授。各皆印可爲
一方師。達摩以壁觀敎人安心。外止諸緣內心無喘。心如牆
壁可以入道。豈不正是坐禪之法。又廬山遠公與佛陀耶舍二
梵僧所譯達摩禪經兩<一?>卷。具明坐禪門戶漸次方便。與
天台及佚<佚?>秀門下意趣無殊。故四祖數十年中脅不至
席。卽知了與不了之宗。各由見解深淺。不以調與不調之行
而定法義。偏圓但自隨病對治。不須讚此毀彼(此注通前敍。
有人問難余云。何以勸坐禪者。余今以此答也)

그러나 이 가운데 장식파경교만이 선문의 식망수심종과 부
합되어 회통된다. 곧 외경은 모두 공한 줄 알기 때문에 외경
의 事相을 닦지 않고 오직 妄을 그치는 것으로 心을 닦을 뿐
이다. 妄을 그친다는 것은 我·法의 妄을 그치는 것이고, 心
을 닦는다는 것은 唯識의 心을 닦는 것이다. 때문에 모두 유
식의 가르침과 동일하다. 이처럼 이미 식망수심종이 佛의 장
식파경교와 동일한데 어째서 妄을 그치고 淨을 지키며[看] 늘
번뇌를 제거하고 凝心과 住心으로 한 가지 경계에 집중하며
가부좌하여 調身·調息하는 저 점수문을 비방하는가.[55] 식망

수심종의 이와 같은 갖가지 방편도 모두 부처님이 권장하고 찬탄한 것이다.

때문에 『정명경』56)에서는 "굳이 좌선의 형태를 취할 필요가 없다. 그렇다고 굳이 좌선을 안 할 필요도 없다."고 말했다. 坐와 不坐는 각자의 근기와 편의에 따르는 것이고, 凝心과 運心도 각자 습성에 따르는 것이 좋다는 것이다. 唐의 제3대인 고종황제 시대로부터 제6대인 현종황제 시대에 이르기까지는 달마원돈의 본종 곧 남종이 널리 유행하지 못하였다. 오직 수도를 중심으로 한 북지에서만 신수의 점교가 크게 거양되었다. 그리고 二京法主·三帝國師로서 달마종지를 정통으로 계승한 것이라 칭했다. 그러나 卽佛의 종지는 드러내지 못하였다. 이에 조계의 하택신회가 달마원돈의 종지가 단절될 것을 염려하여 마침내 住心·伏心 등의 수행을 비판하였지만 그것도 단지 잘못된 방법을 부정하는 것이었지 신수의 선旨 자체를 부정한 것은 아니었다.

더구나 신수의 住心·看淨·凝心·運心과 같은 방편법믄은 본래 오조홍인의 교수법으로 각자 一方의 스승으로 인가하였고, 달마는 벽관으로 사람들에게 안십법을 가르쳐 밖으로는 온갖 반연을 그치고 안으로는 마음을 장벽처럼 하여 入道한다고 하였다. 그런데 어찌 신수의 그와 같은 좌선법을 그르다 하겠는가.

또한 여산의 혜원은 불타·야사의 두 梵僧과 더불어 변역한 『달마선경』 1권57)에서도 모두 좌선의 문호는 漸次方便임

---

55) 소위 남종과 북종의 정통성 주장에서 남종이 북종을 폄하하여 일컫던 내용들 가리킨다.

56) 『維摩詰所說經』 弟子品第三(大正藏 14, p.593下) 내용 발췌.

을 설명하였는데 그것은 天台智顗·南侁智詵·大通神秀 문하의 意趣와도 다름이 없다. 그래서 사조도신은 그 가르침에 따라서 수십 년 동안 脅不至席으로 수행하였다. 이에 了義宗旨와 不了義宗旨는 각각 견해의 深·淺으로 말미암은 것일 뿐이지 調·不調를 기준으로 해서 法·義·偏·圓을 판정해서는 안 된다. 단지 잘못된 방식을 따라 대치해야지 모름지기 자기는 옳고 남은 그르다고 해서는 안 된다(이 주석은 위에서 서술한 내용에 통한다. 이에 어떤 사람이 나 종밀에게 "어째서 좌선을 권장하는가."라고 물은 것에 대하여 나 종밀은 지금 이 내용으로 답변을 대신한다).

二密意破相顯性教(據眞實了義。卽妄執本空更無可破。無漏諸法本是眞性。隨緣妙用永不斷絶。又不應破。但爲一類 <切?>衆生執虛妄相。障眞實性難得玄悟。故佛且不揀善惡垢淨性相一切呵破。以眞性及妙用不無。而且云無。故云密意。又意在顯性。語乃破相。意不形於言中。故云密也) 說前教中所變之境旣皆虛妄。能變之識豈獨眞實。心境互依空而似有故也。且心不孤起。託境方生。境不自生。由心故現。心空卽境謝。境滅卽心空。未有無境之心。曾無無心之境。如夢見物似能見所見之殊。其實同一虛妄都無所有。諸識諸境亦復如是。以皆假託衆緣無自性故。未曾有一法不從因緣生。是故一切法無不是空者。凡所有相皆是虛妄。是故

---

57) 종밀은 『역대법보기』의 내용을 인용하여 서술하고 있다. 곧 불타와 야사가 혜원이 주석하고 있는 여산의 동림사를 방문했을 때 혜원은 그들과 더불어 『선문경』 1권을 번역했다는 내용에 의한 것이다. 불타와 야사는 보리달마다라 선사가 중국에 가기 전에 중국의 상황을 살펴보기 위하여 미리 답사를 보낸 제자들이다. 『歷代法寶記』(大正藏51, p.180下) 내용 발췌.

空中無色。無眼耳鼻舌身意。無十八界。無十二因緣。無四諦。無智。亦無得。無業。無報。無修。無證。生死涅槃平等如幻。但以不住一切無執無著而爲道行。諸部般若千餘卷經。及中百門等三論。廣百論等。皆說此也(智度論百卷。亦說此理。但論主通達不執。故該收大小乘法相潛同後一眞性宗

　둘째는 밀의파상현성교이다(진실한 요의교에 의하면 망집은 본래 공하여 다시 타파할 것도 없고, 무루의 제법은 본래 진성이므로 인연을 따라 묘용하여 영원히 단절되지 않고 또 타파되지 않는다. 다만 일체중생은 허망한 형상에 집착하여 진실한 성품을 장애하므로 玄悟를 증득하기 어렵다. 때문에 부처님은 곧 善·惡·垢·淨·性·相을 가리지 않고 일체를 타파한다. 이로써 진성과 묘용이 없지는 않지만 짐짓 없다고 말했으므로 密意라 말한다. 또 意는 性을 드러내면서도 語는 相을 타파하므로 意가 言 속에 있으면서도 형체가 없으므로 密이라 말한다).

　위의 장식파경교에서는 所變의 경계 곧 根身·器界·種子가 허망한 것인데 能變의 식만 홀로 어찌 진실하겠는가를 설하였다. 그것은 心·境이 서로 의지하고 있어서 空이지만 짐짓 有이기 때문이다. 또 心은 홀로 일어나지 못하고 境에 의탁해야 바야흐로 생겨나고, 境은 자생하지 못하고 心을 말미암아 드러난다. 心이 공한즉 境이 落謝하고, 境이 멸한즉 心이 공하다. 그러므로 境이 없는 心은 있을 수 없고, 心이 없는 境은 일찍이 없었다. 마치 꿈속에서 사물을 보는 것처럼 능견과 소견이 다른 듯하지만 사실은 똑같이 허망하여 능견과 소견이 모두 존재하지 않는다. 제 식과 제 경계도 또한 마찬가지이다. 모두 衆緣에 가탁한 것으로 자성이 없다. 때문에 일찍이 어떤 법도 인연으로 생겨나지 않은 것이 없다. 이런 까닭에 일체법은 공하지 않음이 없고, 무릇 형상으로 존재하는 것은 다 허망하다. 이런 까닭에 공에는 색이 없고 안·이·비·설·신·의도 없고, 십팔계도 없으며, 십이인연도 없고, 사제도 없으며, 智와 得도 없으며, 業과 報도 없으며, 修도 없고, 證도 없으므로 생사와 열반이 평등하여 마치 幻과 같다. 다만 일체에 不住하여 무집착으로 도행을 삼는다. 모든 반야부의 천여 권의 경전과 『중론』·『백론』·『십이문론』의 삼론 및 『광백론』 등에서 다 밀의파상현성교를 설한다(『대지도론』 100권도 역시 밀의파상현성교의 도리를 설하였다. 다만 論의 주안점은 공에 통달하여 집착이 없는 것에 있었기 때문에 대승·소승의 법상을 該收하였을 뿐이다. 이 점은 이하의 현시진심즉성교의 종지와 짐짓 동일하다).

此教與禪門泯絶無寄宗全同。既同世尊所說菩薩所弘。云何漸門禪主及講習之徒。每聞此說。即謗云。撥無因果。佛自云。無業無報。豈邪見乎。若云佛說此言自有深意者。豈禪門此說無深意耶。若云我曾推徵覺無深意者。自是汝遇不解之流。但可嫌人。豈可斥法。此上一＜二?＞教據佛本意雖不相違。然後學所傳多執文迷旨。或各執一見彼此相非。或二皆泛信渾沌不曉。故龍樹提婆等菩薩。依破相教廣說空義。破其執有令洞然解於眞空。眞空者是不違有之空也。無著天親等菩薩。依唯識教廣說名相。分析性相不同染淨各別。破其執空令歷然解於妙有。妙有者是不違空之有也。雖各述一義而學體圓具。故無違也。

묻는다 : 이 밀의파상현성교는 선문의 민절무기종과 온전히 부합된다. 이미 이것이 세존의 설법 및 보살의 전법과 등일한데 어째서 漸門으로 坐禪 및 講習하는 자들은 밀의파상현성교와 민절무기종을 상대할 때마다 인과를 부정한 것이라고 비방하는가.

답한다 : 부처님께서 業도 없고 報도 없다고 말한 것이 어찌 사견이겠는가. 만약 부처님께서 설한 이와 같은 설법에 무언가 깊은 뜻이 있었다고 말한다면 어찌 선문의 이와 같은 뜻에도 깊은 뜻이 없었겠는가. 만약 그들[58]이 일찍이 묻고 따져보아 깊은 뜻이 없음을 알았다고 말한다면 그것은 그들 자신이 도리를 이해하지 못하는 사람을 상대했던 것이므로 단지 그 사람들[人][59]에 대하여 불만할 뿐이지 어찌 그 가르침[法]을 비방한단 말인가.

이 밀의파상현성교 및 민절무기종은 부처님의 본의어 의거하고 있어서 서로 어긋나지 않는다. 그러나 후학들의 경우는 대부분 문자에 집착하고 뜻에 미혹하기 때문에 혹 각자 자파의 의견에 집착하거나 서로 상대가 그르다거나 혹 밀의파상현성교 및 민절무기종 모두 어설픈 믿음·혼돈·어리석음으로 전승되어 간다. 때문에 용수보살 및 제바보살 등은 밀의파상현성교를 통해 공의 뜻을 설하여 有에 대한 집착을 타파함으로써 분명하게 眞空을 이해하도록 하였다. 그리고 무착보살 및 천친보살 등은 유식교에 의하여 名·相을 설하여 性·相이 같지 않고 染·淨이 각각 다름을 분석하였다. 이로써 공에

---

58) 밀의파상현성교와 민절무기종어 대하여 인과를 부정한 것이라고 비방하는 사람들을 가리킨다.

59) 도리를 제대로 이해하지 믓하는 사람들을 가리킨다.

대한 집착을 타파하여 분명하게 妙有를 이해하도록 하였다. 묘유는 공에 어긋나지 않는 有이다. 비록 각각 일리가 있는 뜻을 서술했을지라도 전체적으로 보면 모두 원만하고 온전하다. 때문에 어긋남이 없다.

問若爾何故已後有淸辨護法等諸論師互相破耶。答此乃是相成。不是相破。何者。以末學人根器漸鈍互執空有故。淸辨等破定有之相。令盡徹至畢竟眞空。方乃成彼緣起妙有。護法等破斷滅偏空意存妙有。妙有存故。方乃是彼無性眞空。文卽相破。意卽相成(敍前疑南北禪門相競今於此決也)

묻는다 : 만약 그렇다면 무슨 까닭에 이후[60]에 청변·호법 등의 제 논사는 상대를 타파한 것인가.

답한다 : 그것은 相成이지 相破가 아니다. 왜냐하면 말법시대의 학인들은 根器가 漸鈍하여 서로 空·有에 집착하기 때문에 청변과 호법 등의 제 논사가 定有의 相을 타파하여 모두가 철두철미하게 필경의 진공에 도달하도록 한 것이다. 그래야 바야흐로 저 연기와 묘유가 성취된다. 청변·호법 등이 단멸의 편공을 타파한 의도는 묘유를 드러내는 것에 있다. 곧 묘유의 상태로 존재하기 때문에 바야흐로 그것은 무성의 진공이다. 그래서 文은 相破이더라도 義는 相成이다(위에서 서술한 남종과 북종의 선문이 서로 다툰다고 의심한 것에 대하여 지금 여기에서 해결한 것이다).

---

60) 용수·제바·무착·천친 이후 시대를 가리킨다.

由妙有眞空有二義故。一極相違義。謂互相害全奪永盡。
二極相順義。謂冥合一相擧體全攝。若不相奪全盡。無以擧
體全收。故極相違方極＜相＋?＞順也。龍樹無著等就極＜相
＋?＞順門故相成。淸辨護法等據極＜相＋?＞違門故相破。違
順自在成破無礙。卽於諸法無不和會耳。哀哉此方兩宗後學
經論之者。相非相斥不異仇讎。何時得證無生法忍。今頓漸
禪者亦復如是。努力通鑒勿偏局也。

이것은 진공과 묘유의 두 가지 뜻을 말미암은 까닭이다.

첫째는 極相違의 뜻이다. 말하자면 서로 저해하고 온전히
부정하여 영원히 없애 버리는 것이다. 둘째는 極相順의 뜻이
다. 말하자면 一相으로 명합하여 전체를 온전히 섭수하는 것
이다. 만약 서로 부정하여 온전히 없애는 것이 없다면 마찬가
지로 전체를 온전히 섭수하는 것도 없을 것이다. 때문에 極相
違가 바야흐로 極相順이다.

용수・무착 등은 極相順門의 입장이었기 때문에 相成이었
고, 청변・호법 등은 極相違門에 의거하였기 때문에 相破였
다. 곧 極相順과 極相違가 자재하고 相成과 相破가 무애하면
제법에 和會하지 돗할 것이 없음은 당연하다.

이 땅에서 공종(용수・무착의 이론을 바탕으로 한 삼론종
곧 破相宗)과 유종(청변・호법의 이론을 바탕으로 계승한 法
相宗)을 계승하여 경론을 배우는 자들이 서로 비방하고 서로
배척하여 마치 원수처럼 되어 버린 것이 안타깝다. 이런 입장
에서 어느 세월에 무생법인을 증득하겠는가. 그런데 요즈음
돈점의 선자들도 또 마찬가지이다. 이에 노력하고 通鑒하여
偏局해서는 안 된다.

問西域先賢相破。旣是相成。豈可此方相非便成相嫉。答
如人飮水冷暖自知。各各觀心各各察念。留藥防病不爲健
人。立法防奸不爲賢士。

묻는다 : 서역의 선현들은 相破하면서도 곧 相成이 되는데
어찌 이 땅에서는 서로 비방만 하면 그대로 서로 질투하고 마
는 것인가.

답한다 : 그것은 마치 자기가 물을 마셔 보고 차가운지 따
뜻한지 아는 것과 같다. 각각 觀心하고 각각 察念해 보아야
한다. 약을 지어 병을 방지하는 것이 건강한 사람을 위한 것
은 아니듯이 법을 내세워 잘못을 방지하는 것이 賢士를 위한
것은 아니다.

三顯示眞心卽性教(直指自心卽是眞性。不約事相而示。亦
不約心相而示。故云卽性。不是方便隱密之意。故云顯示也)
此教說一切衆生皆有空寂眞心。無始本來性自淸淨(不因斷惑
成淨。故云性淨。寶性論云。淸淨有二。一自性淸淨。二離
垢淸淨。勝鬘云。自性淸淨心難可了知。此心爲煩惱所染。
亦難可了知。釋云。此心超出前空有二宗之理。故難可了知
也) 明明不昧了了常知(下引佛說) 盡未來際常住不滅。名爲
佛性。亦名如來藏。亦名心地(達摩所傳是此心也) 從無始際
妄想翳之。不自證得耽著生死。大覺愍之出現於世。爲說生
死等法一切皆空。開示此心全同諸佛。

셋째는 현시진심즉성교이다(自心이 곧 진성임을 직지하는
것이다. 이로써 事相에 의거함이 없이 제시하고 또 心相에 의

거함이 없이 제시한다. 때문에 卽性이라 말하고, 방편의 은밀
한 뜻이 아니므로 顯示라 말한다).

　이 현시진심즉성교에서는 다음과 같이 설한다.

　일체중생에게는 도두 공적한 진심이 있어 무시이래로 본래
부터 진성이 청정하고(번뇌의 제거를 인하여 청정하게 되는
것이 아니므로 性淨이라 말한다. 『보성론』에서는 "청정에 두
가지가 있는데 첫째는 자성청정이고 둘째는 이구청정이다."[61]
고 말한다. 『승만경』에서는 "자성청정심도 알기가 어렵고, 그
心이 번뇌에 물드는 것도 또한 알기가 어렵다."[62]고 말한다.
이것을 해석하자면 이 心이야말로 위의 공종과 유종을 초출해
있으므로 알기가 어렵다), 명명하여 어둡지 않고 了了常知 하
여(이하에서 佛說을 인용한다) 미래제가 다하여도 상주불멸
한다. 이것을 불성이라 말하고 또 여래장이라 말하며 또 心地
라 말한다(달마가 전한 것은 곧 이 心이다). 무시이래로 망상
이 心을 뒤덮고 있어 증득하지 못하고 생사에 탐착한다. 대각
세존이 그것을 불쌍히 여겨 세상에 출현하여 생사법은 일체가
다 공하다고 설하였고, 그 心地야말로 제불과 똑같다는 것을
개시하였다.

　如華嚴經出現品云。佛子。無一衆生而不具有如來智慧。

---

61) 『究竟一乘寶性論』卷4(大正藏31, p.841中) "又淸淨者略有二種　何等爲二
　　一者自性淸淨　二者離垢淸淨" 종밀은 『圓覺經略疏鈔』에서 이 대목을 인용하
　　고 있다.

62) 『勝鬘師子吼一乘大方便方廣經』　自性淸淨章第十三(大正藏12, p.222下)
　　"勝鬘夫人說是難解之法問於佛時　佛卽隨喜　如是如是　自性淸淨心而有染
　　汚難可了知　有二法難可了知　謂自性淸淨心難可了知　彼心爲煩惱所染亦難
　　了知"

俱＜但?＞以妄想執著而不證得。若離妄想。一切智。自然智。無礙智。卽得現前。譬如有大經卷(喩佛智慧)　量等三千大千世界(智體無邊廓周法界)　書寫三千大千世界中事一切皆盡(喩體上本有恒沙功德恒沙妙用也)。此大經卷。雖復量等大千世界。而全住在一微塵中(喩佛智全在衆生身中圓滿具足也)如一微塵(擧一衆生爲例)　一切微塵皆亦如是。時有一人。智慧明達(喩世尊也)　具足成就淸淨天眼。見此經卷在微塵內(天眼力隔障見色。喩佛眼力隔煩惱見佛智也)　於諸衆生無少利益(喩迷時都不得其用。與無不別)　卽起方便破彼微塵(喩說法除障)　出此大經卷。令諸衆生普得饒益(云云乃至)　如來智慧亦復如是。無量無礙普能利益一切衆生(合書寫三千世界事)具足在於衆生身中(合微塵中)　但諸凡愚妄想執著。不知不覺不得利益。爾時如來以無障礙淸淨智眼。普觀法界一切衆生。而作是言。奇哉奇哉。此諸衆生。云何具有如來智慧。愚癡迷惑不知不見。我當敎以聖道。令其永離妄想執著。自於身中得見如來廣大智慧與佛無異。卽敎彼衆生修習聖道(六波羅蜜三十七道品等)　令離妄想。離妄想已證得如來無量智慧利益安樂一切衆生。

『화엄경』 여래출현품에서는 다음과 같이 말한다.

"불자여, 어떤 중생도 여래의 지혜와 덕상을 구비하지 않은 경우는 없다. 다만 망상과 집착 때문에 증득하지 못할 뿐이다. 만약 망상을 벗어나면 일체지·자연지·무애지가 현전한다. 비유하면 역량이 삼천대천세계만큼이나 되는(지혜와 체성이 무변하여 법계에 가득하다) 어떤 대경(부처님의 지혜를 비유한다)에 삼천대천세계의 모든 것을 일체 남김없이 書寫하는 것과 같다(본래부터 항사의 공덕과 항사의 묘용을 구비하고 있는 체성을 비유한다). 그러나 비록 大經의 역량이 삼천대천세계만큼이나 되지만 전체가 일미진 속에 들어 있다(부처님의 지혜 전체가 모든 衆生身에 원만하게 구족되어 있음을 비유한다). 저 일미진의 경우처럼(일 중생을 예로 든 것이다) 일체 미진도 마찬가지이다. 그때 어떤 사람은 지혜에 明達하여(세존을 비유한다) 청정한 천안을 완전하게 성취한다. 그리하여 그 大經의 미진 속에 있으면서도(천안통의 능력은 장벽으로 막혀 있어도 색을 보고, 佛眼의 능력은 번뇌로 막혀 있어도 佛智를 보는 것을 비유한다) 제 중생에게 조금의 이익도 없음을 보고(중생이 미혹할 경우에는 중생에게 佛智의 작용이 전혀 드러나지 않기 때문에 佛智가 없는 것과 다르지 않다는 것을 비유한다) 곧 방편을 일으켜 그 미진을 타파하고(설법은 장애가 되는 것을 제거함을 비유한다) 그 大經을 끄집어내어 제 중생에게 널리 이익을 베풀어 준다. (…) 여래의 지혜도 어떤 사람의 경우와 마찬가지이다. 무량하고 무애하여 널리 일체중생에게 이익을 베풀어 준다(삼천대천세계의 모든 현상을 서사하는 것과 합치된다). 비록 衆生身에(미진을 가리킨다) 여래의 지혜와 덕상이 구족되어 있지만 단지 모든 어리석은 범부가 망상과 집착 때문에 알지도 못하고 깨치지도 못하여 그 이익을 얻지 못할 뿐이다. 그때 여래께서 장애가 없는 청정한 智眼으로 널리 법계의 일체중생을 관찰하고 다음과 같이 말했다. '신기하고 신기하다. 그 제 중생이 어찌하여 여래의 지혜를 갖추고도 우치하고 미혹하여 알지도 못하고 보지도 못하는가. 내가 반드시 聖道로써 가르쳐서 그들로 하여금 영원히 망상과 집착을 벗어나 중생 자신의 몸에 있는 여래의 광대한 지혜가 부처님과 다름이 없음을 터득하도록 하리라.' 그리고 여래께서는 곧 저 중생들에게 聖道를 수습하여(육바라밀·삼십칠조도품 등을 가리킨다), 망상을 벗어나도록 가르치고, 망상을 벗어나서는 여래의 무량한 지혜를 증득하여 일체중생을 이익과 안락하도록 한다."63)

問上旣云性自了了常知。何須諸佛開示。答此言知者。不是證知。意說眞性不同虛空木石。故云知也。非如緣境分別之識。非如照體了達之智。直是一眞如之性。自然常知。故馬鳴菩薩云。眞如者自體眞實識知。華嚴迴向品亦云。眞如照明爲性。又據問明品說。知與智異。智局於聖不通於凡。知卽凡聖皆有。通於理智。故覺首等九菩薩問文殊師利言。云何佛境界智(證悟之智) 云何佛境界知(本有眞心) 文殊答智云。諸佛智自在三世無所礙(過去未來現在事。無不了達。故自在無礙) 答知云。非識所能識(不可識識者。以識屬分別。分別卽非眞知。眞知唯無念。方見也) 亦非心境界(不可以智知。謂若以智證之。卽屬所證之境。眞知非境界。故不可以智證。瞥起照心。卽非眞知也。故經云。自心取自心。非幻成幻法。論云。心不見心。荷澤大師云。擬心卽差。故北宗看心是失眞旨。心若可看。卽是境界。故此云非心境界) 其性本淸淨(不待離垢惑方淨。不待斷疑濁方淸。故云本淸淨也。就寶性論中。卽揀非離垢之淨。是彼性淨。故云。其性本淸淨) 開示諸群生(旣云。本淨不待斷障。卽知群生本來皆

---

63) 『大方廣佛華嚴經』 卷51(大正藏10, pp.272下 - 273上) 내용 요약.

有。但以惑翳而不自悟。故佛開示皆令悟入。卽法華中開示
悟入佛之知見。如上所引。佛本出世只爲此事也。彼云。使
得淸淨者。卽寶性中離垢淸淨也。此心雖自性淸淨。終須悟
修方得性相圓淨。故數十本經論。皆說二種淸淨二種解脫。
今時學淺之人。或只知離垢淸淨。離垢淨解脫。故毁禪門卽
心卽佛。或只知自性淸淨。性淨解脫。故輕於敎相。斥於持
律。坐禪調伏等行。不知必須頓悟自性淸淨性自解脫。漸修
令得離垢淸淨。離障解脫。成圓滿淸淨究竟解脫。若身若心
無所壅滯。同釋迦佛也。寶藏論亦云。知有有壞。知無無敗(此
皆能知有無之智) 眞知之知。有無不計(旣不計有無卽自性無分
別之知) 如是開示靈知之心。卽是眞性與佛無異。故顯示眞心
卽性敎也。華嚴密嚴圓覺佛頂勝鬘如來藏法華涅槃等四十餘部
經。寶性佛性起信十地法界涅槃等十五部論。雖或頓或漸不
同。據所顯法體皆屬此敎。全同禪門第三直顯心性之宗。

묻는다 : 위에서 이미 청정자성이 了了常知하다고 하였다.
그렇다면 어째서 굳이 제불이 그 청정자성·진성을 개시해
줄 필요가 있는가.

답한다 : 여기 了了常知에서 知는 證知가 아니다. 곧 진성
은 허공이나 목석과 같지 않다는 것을 설하려는 뜻에서 知라
고 말한 것이다. 따라서 경계를 반연하는 분별식도 아니고, 체
성을 반조하여 요달하는 지혜도 아니다. 바로 이것은 진여의
성품으로 자연적인 常知이다. 때문에 마명보살은 "진여란 그
자체의 진실한 識知이다."고 말했다. 『화엄경』 회향품에서는
또 "진여란 조명하는 것을 성품으로 삼는다."고 말했다. 또 보
살문명품에서는 "知와 智는 다르다. 智는 성인에게만 있는 것

으로 범부에게는 통하지 않는다. 그러나 知는 범부와 성인 모두 지니고 있어 理・智에 통한다.”고 말한다. 때문에 학수보살 등 아홉 보살은 문수사리에게 다음과 같이 묻는다. “불경계의 智는(證悟智) 무엇이고, 불경계의 知는(本有眞心) 무엇인가.” 문수는 智에 대하여 다음 같이 말한다. “제불의 智는 자재하여 삼세에 장애가 없다(과거・미래・현재의 현상에 요달하지 못함이 없다. 때문에 자재하고 무애하다).” 또 문수는 眞知에 대하여 다음과 같이 말한다. “識으로 알 수 있는 것이 아니다(識으로 알 수 있는 것이 아니다. 識은 분별이고 분별은 眞知가 아니다. 眞知는 오직 무념이 되어야 바야흐로 볼 수 있다). 또 心의 경계도 아니다(智로 알 수 있는 것도 아니다. 말하자면 만약 智로 眞知를 증득한다면 그것은 곧 所證의 경계에 속한다. 그런데 眞知는 경계가 아니다. 때문에 智로도 증득할 수 없다. 잠시만이라도 반조하려는 心이 일어나면 그것은 眞知가 아니다.[64] 그래서 『능엄경』에서는 自心으로 自心을 취하면 그것은 幻이 아닌 幻法이 된다[65]고 말한다. 『기신론』에서는 心으로는 心을 보지 못한다[66]고 말한다. 하택 대사는 心으로 어찌하려고 하면 곧 어그러진다고 말한다. 때문에 북종의 看心은 眞旨로부터 벗어나 있다[67]고 말한다. 만약 心이 看되는 心이라면 그것은 곧 경계가 되어 버린

---

64) 智와 知에 대하여 각각 수행을 통하여 증오한 智와 본래부터 구비되어 있는 知로 파악하고 있다. 따라서 智는 離垢淸淨의 입장이고, 知는 自性淸淨의 입장에 해당한다.

65) 『楞嚴經』 卷5(大正藏19, p.124下)

66) 『大乘起信論』(大正藏32, p.586上) 내용 발췌.

67) 하택신회가 직접적으로 언급한 대목은 보이지 않는다. 종밀이 하택의 이름을 빌려 표현한 말로 보인다.

다. 그래서 여기에서 心의 경계가 아니라고 말한다)."

　그 성품은 본래청정 하다(垢惑을 벗어나서 바야흐로 청정해지는 것도 아니고, 疑濊을 단제하여 바야흐로 청정해지는 것도 아니다. 때문에 본래청정이라 말한다. 『보성론』에서는 곧 번뇌를 벗어난 청정이 아닌 본래청정이라고 揀別한다.[68] 저 진성의 청정에 대하여 이런 까닭에서 그 성품이 본래청정 하다고 말한다). 그러므로 제 중생에게 개시해 준다(이미 말한 바처럼 본래청정으로 장애를 단제할 필요가 없다. 그러므로 곧 모든 군생에게는 본래부터 진성이 있는 줄을 알 것이다.[69] 다만 미혹에 가려 있어 자신이 깨치지 못할 뿐이다. 때문에 부처님이 진성을 개시하여 悟・入하도록 한다. 법화경의 "佛知見을 開・示・悟・入케 한다."[70]는 말은 위에서 인용한 바와 똑같다. 곧 부처님이 본래 세간에 출현한 이유는 단지 佛知見을 開・示・悟・入케 하려는 것뿐이다. 저 『법화경』에서 말한 "청정을 터득하게 한다."는 것이 보성론에서는 말하는 離垢淸淨에 해당한다. 이 心은 비록 자성청정일지라도 끝내 모름지기 悟・修해야 바야흐로 性・相이 원만청정 해진다. 때문에 수십 권의 경론에서는 모두 두 가지 청정과 두 가지 해탈을 설하였다. 그런데 오늘날의 어설픈 자들은 혹 단지 離垢淸淨과 離垢淨解脫만 알기 때문에 선문의 卽心卽佛을 비방하고, 혹 단지 自性淸淨과 性淨解脫만 알기 때문에 敎相을 깔보는가 하면 持律하고 좌선하며 마음 다스리는 수행 등을 배척한다. 그 이유는 곧 자성청정・성자해탈을 돈오하고

---

68) 『究竟一乘寶性論』 卷4(大正藏31, p.841中)

69) 『大方廣佛華嚴經』 卷14(大正藏10, p.69上)

70) 『南無妙法蓮華經』 卷1(大正藏9, p.7上)

또 점수를 통하여 離垢淸淨·離障解脫을 터득하고 圓滿淸淨·究竟解脫을 성취하여 身·心에 壅滯가 없어져야 비로소 석가불과 동일하다는 것을 알지 못하기 때문이다).

『보장론』에서도 또 '知를 有라고 하면 有에 떨어지고 無라고 하면 無에 떨어진다(이것은 곧 有와 無를 아는 상대적인 智에 해당한다). 그러나 眞知는 有니 無니 하는 상대적인 계탁을 하지 않는다.'71)(이미 有니 無니 하는 상대적인 계탁을 하지 않으면 곧 자성의 無分別知가 된다)고 말한다.

이와 같이 靈知心이야말로 곧 진성으로서 佛과 다름이 없음을 개시하기 때문에 현시진심즉성교라 말한다. 『화엄경』·『밀엄경』·『원각경』·『불정경』·『승만경』·『여래장경』·『법화경』·『열반경』 등 40여 부의 경전과 『보성론』·『불성론』·『기신론』·『십지론』·『법계론』·『열반론』 등 15부의 논소들의 경우 비록 頓·漸이 같지 않을지라도 드러난 法體에 의거하면 모두 현시진심즉성교에 속한다. 이것은 선문으로 보면 셋째의 직현심성종에 해당한다.

7. 達磨禪의 계승

旣馬鳴標心爲本源。文殊揀知爲眞體。如何破相之黨。但云寂滅不許眞知。說相之家。執凡異聖不許卽佛。今約佛敎判定正爲斯人。故前敍西域傳心多兼經論無二途也。

---

71) 『寶藏論』(大正藏45, p.144上) 참조.

묻는다 : 마명은 心을 本源으로 내세웠고 문수는 知를 眞
體로 간별하였다. 그런데 어째서 破相을 주장하는 사람들은
단지 적멸의 측면만 말하고 진여의 측면은 인정하지 않고, 說
相을 주장하는 사람들은 凡과 聖이 다르다는 것에만 집착하
여 衆生卽佛의 도리를 인정하지 않는 것인가.

답한다 : 지금 佛敎어 의거하여 그러한 시비를 판정하는 것
은 바로 이런 사람들을 위한 것이다. 이에 위에서 서역에서는
傳心에 있어 대개 경론을 겸하였기 때문에 선교로 나뉘지 않
았음을 서술하였다.

但以此方迷心執文以名爲體故。達摩善巧揀文傳心。標擧
其名(心是名也)。默示其體(知是心也) 喻以壁觀(如上所敍) 令
絶諸緣。問諸緣絶峕有斷滅否。答雖絶諸念亦不斷滅。問以
何證驗云不斷滅。答了了自知言不可及。師卽印云。只此是
自性淸淨心。更勿疑也。若所答不契。卽但遮諸非更令觀
察。畢竟不與他先言知字。直待自悟方驗實。是親證其體。
然後印之令絶餘疑。故云。默傳心印。所言默者。唯默知
字。非總不言。六代相傳皆如此也。

그러나 다만 이 땅에서는 心에 미혹하고 文에 집착하여 名
을 體로 간주하고 있을 뿐이다. 때문에 달마는 善巧로써 언어
문자를 간별하여 傳心하고, 그 名(心은 곧 名이다)을 겉에 내
세워 그 體를(知는 곧 體이다) 침묵으로 보여 주었다.

달마는 벽관으로(위에서 서술한 바와 같다) 모든 반연을 단
절할 것을 다음과 같이 가르쳐 주었다.

묻는다 : 모든 반연이 단절되었을 때 단멸이란 것이 있던가.

답한다 : 모든 망념이 단절되었을지라도 또 단멸이란 없다.

묻는다 : 증험한 것이 무엇이기에 단멸이 없다는 것인가.

답한다 : 了了自知한 것이므로 언설로는 설명이 불가능하다.
이에 달마가 인가하고 "바로 그것이야말로 자성청정심이다.
그러니 다시는 의심하지 말라."고 말했다.

만약 제자의 답변이 스승의 의도에 계합되지 못했다면 그것
은 단지 모든 번뇌를 일시적으로 차단한 것일 뿐이므로 다시
벽관을 계속하도록 했을 것이다. 곧 필경에는 제자에게 미리
글자를 통하여 알려 주어 말해 주지 않고 自悟를 기다렸다가
바야흐로 진실을 경험하여 그 體를 親證한 연후에 그것을 인
가하여 나머지 의심을 단절하도록 하였다. 때문에 "침묵을 통
하여 심인법을 전승한다."고 말한다. 여기에서 침묵이란 오직
글자를 통하여 알려 주는 것72)을 침묵한다는 것이지 일절 말
을 하지 않는다는 것은 아니다. 육대조사가 심인법을 相傳한
것이 모두 이와 같았다.

1) 荷澤宗의 知

至荷澤時他宗競播。欲求默契不遇機緣。又思惟達摩懸絲
之記(達摩云。我法第六代後。命如懸絲)　恐宗旨滅絶。遂明

---

72) 하택신회에게 있어 知는 衆妙之門이라는 표현처럼 정법안장을 표현하는 수단
내지 방식일 뿐만 아니라 진성을 바탕으로 하여 그것이 항상 空寂靈知의 모습
그대로 존재하는 것임을 말한다. 따라서 종밀의 견해에 의하면 이와 같은 하택
의 知는 진성의 작용이 그대로 일상에서 실현된 것이라는 洪州宗의 用의 개념
과 더불어 직현심성종의 입장이기도 하다.

言知之一字衆妙之門。任學者悟之淺深。且務圖宗教不斷。
亦是此國大法運數所至。一類道俗合得普聞故感應如是。其
默傳者餘人不知。故以袈裟爲信。其顯傳者學徒易辨。但以
言說除疑。況旣形言足可引經論等爲證(前敍外難云。今時傳
法者說密語否。今以此答也。法是達摩之法。故聞者淺深皆
益。但昔密而今顯。故不名密語。豈可名別法亦別耶)

　　그러나 하택신회의 시대에는 그 밖의 종파들도 다투어 심법
을 전파하여 默契를 추구하였지만 기연을 만나지 못했다. 이
에 하택은 정법안장의 생명이 실낱같다는 달마의 玄記(달마가
말했다. 우리의 정법안장이 제6대 이후에는 생명이 실낱같이
위태로울 것이다)를 생각하고는 종지가 절멸될 것을 염려하여
마침내 知라는 한 글자야말로 온갖 묘용의 관문[知之一字衆
妙之門]임을 설명하여 깨침의 深淺에 대해서는 학자에게 맡
겨 두어 달마의 종지[宗教]가 단절되지 않도록 힘썼다. 그 결
과 이 나라에 대법의 운수가 크게 도래하였다. 이에 인류의
道俗이 모두 知字의 대법을 듣게 되어 마침내 그 감응이 이
와 같았다.73) 그러나 默傳한 자를 남들이 알아보지 못하였으
므로 이에 가사를 신표로 삼았다. 이리하여 顯傳한 자는 학도
들까지도 쉽게 변별할 수 있었는데 다만 언설만 가지고도 의
심을 단제할 수 있었다. 하물며 이미 언설로 표현하고 경론을
인용하여 증거로 삼는 것이야 말할 나위도 없다(위에서 서술
한 “오늘날의 전법자도 밀어를 설하는가.”라는 外難에 대하여
나 종밀은 지금 이 대목을 통하여 답변한다. 법은 달마의 법

---

73) 하택신회가 제시한 知字의 가르침이 달마종지를 계승할 수 있게 되어 종밀 당시
　　까지 면면하게 이르렀다는 것을 가리킨다.

이다. 때문에 법을 듣는 자는 深淺에 관계없이 모두 이익을 얻는다. 다만 예전에는 密 뿐이었지만 지금은 顯이 되었기 때문에 密語라고 말하지 않는다. 그러나 어찌 名이 달라진다고 해서 그 法조차 달라지겠는가).

2) 洪州宗의 用

問悟此心已如何修之。還依初說相敎中令坐禪否。答此有
二意。謂昏沈厚重難可策發。掉擧猛利不可抑伏。貪嗔熾盛
觸境難制者。卽用前敎中種種方便隨病調伏。若煩惱微薄慧
解明利。卽依本宗本敎一行三昧。如起信云。若修止者。住
於靜處端身正意不依氣息形色。乃至唯心無外境界。金剛三
昧經云。禪卽是動不動不禪是無生禪。法句經云。若學諸三
昧。是動非坐禪。心隨境界流。云何名爲定。淨名云。不起
滅定現諸威儀(行住坐臥)　不於三界現身意。是爲宴坐。佛所
印身<可?>。據此卽以答<已達?>。[74]　三界空花四生夢寐。
依體起行修而無修。尙不住佛不[75]住心。誰論上界下界(前敍
難云。據敎須引上界定者。以管窺天但執權宗之說。見此了
敎理應懷慚而退)

묻는다 : 자성청정심을 깨쳤다면 어째서 다시 그것을 수행하는 것인가. 처음에 말한 밀의의성설상교의 경우처럼 좌선을 해야 하는 것인가.

---

74) 1493년 전라도 고산 佛名山 花巖寺 重刊本 및 明 萬力 4년(조선 선조 9년 1576년)본에 의한다.

75) 1493년 전라도 고산 佛名山 花巖寺 重刊本 및 明 萬力 4년(조선 선조 9년 1576년)본에는 '住'가 없다.

답한다 : 여기에 두 가지 뜻이 있다. 먼저 말하자면 깊은 昏沈 때문에 책발하기 어렵거나 맹렬한 掉擧 때문에 抑伏하기 어렵거나 치성한 貪嗔 때문에 경계를 대하여 억제하기 어려운 사람의 경우어는 위의 敎[76]에서 말한 갖가지 방편으로 병에 따라 조복시켜야 한다. 또 말하자면 만약 번뇌가 적고 지혜가 뛰어난 자으 경우에는 현시진심즉성교와 직현심성종의 일행삼매에 의하도록 한다.

이에 대하여 『기신론』에서는 다음과 같이 말한다. "만약 止를 수행하려는 자는 한정처에 주하여 端身・正意하면서도 氣息・形色에 의거하지 말아야 한다. 正念은 唯心일 뿐 바깥 경계가 없다."[77] 또 『금강삼매경』에서는 다음과 같이 말한다. "선은 곧 動이다. 그래서 不動은 선이 아니다. 그것은 無生禪이다."[78] 또 『법구경』에서는 다음과 같이 말한다. "만약 모든 삼매에 대하여 배워야 하는 것으로 간주한다면 그것은 흔들림이지 좌선이 아니다. 그것은 마음이 경계를 따라 흐르는 것이므로 어찌 定이라 말할 수 있겠는가."[79] 또 『정명경』에서는 다음과 같이 말한다. "대저 宴坐란 삼계에 身・意를 나타내지 않는 것이고, 滅定으로부터 일어나지 않고도 모든 威儀(행・주・좌・와)를 나타내는 것이 宴坐이다. … 만약 이와 같은 坐가 되어야 부처님이 인가하신다."[80]

---

76) 삼교 가운데 앞의 밀의의성설상교・밀의파상현성교의 두 경우가 이에 해당한다.

77) 『大乘起信論』 卷下(大正藏32, p.590中)

78) 『金剛三昧經』 無生行品 第三(大正藏9, p.368上)

79) 『法句經疏』(大正藏35, p.1435上) 종밀은 앞의 『금강삼매경』의 경우에는 선의 작용적인 측면을 강조하였지만 여기 『법구경』에서는 선의 본질적인 측면을 강조하고 있다.

80) 『維摩詰所說經』 卷3(大正藏14, p.539下) "夫宴坐者 不於三界現身意 是爲

이러한 인용문에 의거한다면 삼계는 空花이고 사생은 夢寐임을 통달하게 되고, 본래의 바탕에 의거하여 수행을 일으키게 되며, 修해도 修할 것이 없게 된다. 그래서 佛에도 주하지 않고 心에도 주하지 않는다. 그러니 어찌 상계 및 하계를 논하겠는가(위에서 서술한 '敎에 의거하여 모름지기 上界의 定을 인용해야 한다.'[81]는 힐난은 대롱을 통하여 하늘을 보려는 것과 같은 것이다. 이것은 단지 방편의 종지를 설한 것에 대한 집착에 불과하다. 이 了義敎의 도리를 본다면 마땅히 부끄러움을 느끼고 물러가야 한다).

然此敎中以一眞心性對染淨諸法。全揀全收。全揀者。如上所說。俱＜但?＞剋體直指靈知。卽是心性。餘皆虛妄。故云。非識所識。非心境等。乃至非性非相。非佛非衆生離四句絶百非也。全收者。染淨諸法無不是心。心迷故妄起惑業。乃至四生六道雜穢國界。心悟故從體起用。四等六度乃至四辨十力妙身淨刹。無所不現。旣是此心現起諸法。諸法全卽眞心。如人夢所現事。事事皆人。如金作器。器器皆金。如鏡現影。影影皆鏡(夢對＜喩?＞妄想業報。器喩修行。影喩應化)

宴坐 不起滅定而現諸威儀 是爲宴坐 … 若能如是坐者 佛所印可" 경문에 의하여 위의 인용문 곧 "不起滅定現諸威儀 不於三界現身意 是爲宴坐 佛所印身"을 교정함.

81) 경론과 선문의 배대가 서로 부합되어야 바야흐로 원만한 견해가 성취된다는 열 가지 이유 가운데 다섯 번째에 해당하는 다음의 질문을 가리킨다. "사선팔정은 모두 천상세계에만 있지 이 세계에는 그와 같은 선이 없다. 그러므로 무릇 수선자는 모름지기 경론에서 설한 천상계의 선정을 가져다가 이 세상에서 수습해야 한다. 수습하여 그것을 성취한 자는 모두 천상계의 선정이었다. 이것은 제교에서 자세히 설명했듯이 이 경우를 벗어난 경우는 없었다. 그런데 어찌 사선팔정을 벗어나 달리 선문을 설하는가. 이미 경전에 의거하지 않은 것이라면 그것은 사도이다."

그런데 현시진심즉성교는 一眞心性을 染·淨의 제법에 상
대시켜 全揀·全收한다.

全揀(絶對門)한다는 것은 위에서 서술한 바와 같이 단지 體
를 바탕으로 하는 靈知만 심성이고 나머지는 모두 허망다고
직지하는 것이다. 때문에 식으로 알 수 있는 바도 아니고 心
의 경계도 아니며 性도 아니고 相도 아니며 佛도 아니고 중
생도 아니며 離四句·絶百非하는 것을 말한다.

全收(相對門)한다는 것은 染·淨의 제법은 心 아님이 없다.
따라서 心이 미혹한 까닭에 잘못 혹업을 일으키그 내지 사
생·육도 및 雜穢한 세계가 있다. 그렇지만 心을 깨친 까닭
에 體에서 用을 일으켜 사무량심·육바라밀·사무애변·십력
의 妙身으로 淨刹에 나타나지 않음이 없음을 말한다.

이미 그 心이 제법을 現起하기 때문에 제법은 전체가 진심
이다. 마치 어떤 사람이 꿈에서 본 사람의 경우 그 모든 사사
물물이 사람에 속해 있는 것과 같고, 마치 금으로 만든 그릇
은 그 모든 그릇이 다 금인 것과 같으며, 마치 거울에 비친
영상은 그 모든 영상이 다 거울인 것과 같다(꿈은 망상업보에
대한 비유이고 그릇은 수행에 대한 비유이며 영상은 응화에
대한 비유이다).

故華嚴云。知一切法卽心自性。成就慧身不由他悟。起信
論云。三界虛僞唯心所作。離心則無六塵境界。乃至一切分
別。卽分別自心。心不見心。無相可得。故一切法如鏡中
相。楞伽云。寂滅者名爲一心。一心者名如來藏。能遍興造
一切趣生。造善造惡受苦受樂。與因俱故知一切無非心也。

때문에 『화엄경』에서는 "일체법이 곧 心의 자성인 줄을 알면 慧身을 성취한다. 그것은 남을 말미암아 깨친 것이 아니기 때문이다."[82]고 말한다. 그리고 『기신론』에서는 "삼계는 허위이다. 오직 心이 만들어 낸 것이다. 心을 벗어나면 육진의 경계도 없다. 일체의 분별은 곧 自心을 분별한 것이다. 그러므로 心으로 心을 보지 않으면 얻은 相도 없다. 때문에 일체법은 마치 거울에 비친 相과 같다."[83]고 말한다.

또 『능가경』에서는 "적멸이란 일심을 말한다. 일심이란 여래장을 말한다.", "널리 일체의 趣生을 興造한다."[84]고 말한다. 이리하여 선을 짓고 악을 지어 고를 받고 낙을 받아 因을 형성한다. 그러므로 일체가 心 아님이 없는 줄을 알 수 있다.

全揀門攝前第二破相教。全收門攝前第一說相教。將前望此。此則逈異於前。將此攝前。前則全同於此。深必該淺。淺不至深。深者直顯出眞心之體。方於中揀一切收一切也。如是收揀自在性相無礙。方能於一切法悉無所住。唯此名爲了義。更有心性同異頓漸違妨。及所排諸家言教部帙次第。述作大意悉在下卷

전간문(절대문)은 위의 둘째에 해당하는 밀의파상현성교를 섭수한 것이고, 전수문(상대문)은 첫째의 밀의의성설상교를 섭

---

82) 『大方廣佛華嚴經』 卷17(大正藏10, p.93上)

83) 『大乘起信論』(大正藏32, p.577中)

84) 『入楞伽經』 卷1(大正藏16, p.519上) "寂滅者名爲一心 一心者名如來藏"; 『楞伽阿跋陀羅寶經』 卷4(大正藏16, p.510中)의 내용에서 발췌함.

수한 것이다. 밀의파상현성교 및 밀의의성설상교를 가지고 현시진심즉성교를 비교하면 현시진심즉성교는 밀의파상현성교 및 밀의의성설상교와는 아득히 다르지만, 현시진심즉성교를 가지고 밀의파상현성교 및 밀의의성설상교를 섭수하면 밀의파상현성교 및 밀의의성설상교는 현시진심즉성교와 완전히 동일하다. 深 곧 현시진심즉성교는 반드시 淺 곧 밀의파상현성교 및 밀의의성설상교를 두루 포함하지만, 淺 곧 밀의파상현성교 및 밀의의성설상교는 深 곧 현시진심즉성교에 도달하지 못한다. 深 곧 현시진심즉성교는 바로 진심의 體를 현출하는데 바야흐로 거기에서 일체를 揀하고 일체를 收한다. 이와 같이 收·揀이 자재하그 性·相이 무애해야 바야흐로 일체법에 모두 집착이 없다. 오직 이 경우에만 了義라 말한다. 또 心·性의 同異, 頓·漸의 違妨, 배제된 諸家의 언교와 部帙도 차제가 있다. 이들에 관한 저술의 大意는 모두 이하 하권에서 말하겠다.

禪源諸詮集都序 卷上之二
『선원제전집도서』 권상의 제이

『禪源諸詮集都序』卷下之一

- 空宗(密意破相顯性教)과
  性宗(顯示眞心卽性教)의 차이
- 禪敎一味
- 敎法의 구성

∷『禪源諸詮集都序』卷下之一
『선원제전집도서』 권하의 제일

唐 圭峰山 沙門 宗密 述
당 규봉산 사문 종밀이 서술하다.

8. 空宗(密意破相顯性敎)과 性宗(顯示眞心卽性敎)의 차이

上之三敎。攝盡佛一代所說之經。及諸菩薩所造之論。細尋法義。便見三義全殊。一法無別。就三義中。第一第二空有相對。第三第一性相相對。皆條[85]然易見。唯第二第三破相與顯性相對。講者禪者同迷。皆謂同是一宗一敎。皆以破相便爲眞性。故今廣辨空宗性宗有其十異。一法義眞俗異。二心性二名異。三性字二體異。四眞智眞知異。五有我無我異。六遮詮表詮異。七認名認體異。八二諦三諦異。九三性空有異。十佛德空有異。

---

85) 음은 조이고 뜻은 멀다·다득하다는 것으로 = 아득할 초(迢)와 같다.

위의 밀의의성설상교·밀의파상현성교·현시진심즉성교는 여래가 일대에 걸쳐 설한 경 및 제 보살이 지은 논이 포함된다. 자세하게 法·義를 살펴보면 또 三義는 모두 다르지만[全殊] 一法도 다름이 없음[無別]을 볼 수 있다. 三義 가운데 제일 밀의의성설상교와 제이 밀의파상현성교는 空과 有의 상대이고, 현시진심즉성교와 밀의의성설상교는 性과 相의 상대이므로 모두 차이가 아득하여 쉽게 살펴볼 수 있다. 그러나 오직 제이 밀의파상현성교와 제삼 현시진심즉성교에 대해서는 講者와 禪者가 똑같이 破相과 顯性의 상대로 간주하는 잘못을 범하고 있다. 곧 講者와 禪者는 그것을 동일한 종과 동일한 교라고 말하여 모두 破相하는 空을 곧 眞性의 顯性으로 삼는다.86)

때문에 이제 공종과 성종에는 열 가지 차이점이 있음을 자세하게 변별한다.

첫째, 法·義에는 眞·俗의 차이가 있다.

둘째, 心·性에는 두 가지 명칭의 차이가 있다.

셋째, 性字에는 두 가지 體의 차이가 있다.

넷째, 眞智·眞知의 차이가 있다.

다섯째, 有我·無我의 차이가 있다.

---

86) 종밀은 제이의 파상교와 제삼의 현성교를 상대적인 것으로 간주한다. 그러나 정작 파상교는 空을 종지로 하고 현성교는 眞心을 종지로 하고 있어 둘 사이에는 상대적인 의미보다는 궁극의 목표가 파상을 통한 顯性의 敎와 眞心을 顯示하는 卽性敎로서 性을 강조한다는 점에서 동일하다. 전자는 離垢淸淨의 입장이고 후자는 本性淸淨의 입장이다. 그럼에도 불구하고 종밀은 둘의 관계를 상대적인 측면으로 파악하는 것은 선의 3종에 대한 관계성 때문이다. 파상교에는 泯絶無寄宗으로 대응시키고, 현성교에는 直顯心性宗으로 대응시키기 위한 제스처이다. 특히 泯絶無寄宗에 石頭宗을 포함시킨 것은 禪·敎에 대한 종밀의 오류이기도 하다.

여섯째, 遮詮·表詮의 차이가 있다.

일곱째, 認名·認體의 차이가 있다.

여덟째, 二諦·三諦의 차이가 있다.

아홉째, 三性에 대하여 각각 空·有의 차이가 있다.

열째, 佛德에 대하여 각각 空·有의 차이가 있다.

1) 法·義에는 眞·俗의 차이가 있다

初法義眞俗異者。空宗緣未顯眞靈之性故。但以一切差別之相爲法。法是俗諦。照此諸法。無爲無相。無生無滅。無增無減等爲義。義是眞諦。故智度論以俗諦爲法無礙辯。以眞諦爲義無礙辯。性宗則以一眞之性爲法。空有等種種差別爲義。故經云。無量義者從一法生。華嚴十地亦云。法者知自性。義者知生滅。法者知眞諦。義者知俗諦。法者知一乘。義者知諸乘。如是十番釋法義二無礙義。皆以法爲眞諦。以義爲俗諦。

첫째, 法·義에는 眞·俗의 차이가 있다는 것은 다음과 같다.

공종의 경우는 아직 眞靈의 성품을 드러내지 못한 까닭에 단지 일체 차별상으로만 법을 삼는다. 이것은 法을 속제로 간주한 것이다. 그리고 저법의 無爲·無相·無生·無滅·無增·無減하다고 照하는 것을 義로 간주한다. 이것은 義를 진제로 간주한 것이다. 때문에 『대지도론』에서 "속제로 法의 無礙辯을 삼고, 진제로 義의 無礙辯을 삼는다."고 말한다.

성종의 경우는 一眞의 性을 法으로 간주하고 空·有 등 갖가지 차별을 義로 간주한다. 때문에 『무량의경』에서는 "無

量義는 一法에서 생겨난다."[87]고 말한다. 『화엄경』 십지품에서는 또 "法은 자성을 아는 것이고, 義는 생멸을 아는 것이다. 법은 진제를 아는 것이고, 義는 속제를 아는 것이다. 法은 一乘을 아는 것이고, 義는 諸乘을 아는 것이다."[88]고 말하면서 열 차례에 걸쳐 法・義가 無礙하다는 의미를 해석한다. 이것은 모두 法을 진제로 삼고 義를 속제로 삼은 것이다.

2) 心・性에는 두 가지 명칭의 차이가 있다

二心性二名異者。空宗一向目諸法本源爲性。性宗多目諸法本源爲心。目爲性者諸論多同。不必敍述。目爲心者。勝鬘云。自性淸淨心。起信云。一切法從本以來離言說名字心緣等相。乃至唯是一心。楞伽云。堅實心。良由此宗所說本性不但空寂而乃自然常知。故應目爲心也。

둘째, 心・性에는 두 가지 명칭의 차이가 있다는 것은 다음과 같다.

공종의 경우는 오로지 제법의 本源만을 가지고 性으로 간주한다. 그러나 성종의 경우는 거의 모든 제법의 本源을 心으로 간주한다. 전자의 경우는 제론에서 거의 동일하므로 더 이상 서술할 필요가 없다.

그러나 후자의 경우에 대해서는 설명이 다양하다. 『승만경』[89]

---

87) 『無量義經』(大正藏9, p.385下) "無量義者 從一法生 其一法者 卽無相也 如是無相 無相不相 不相無相 名爲實相"

88) 『大方廣佛華嚴經』卷18(大正藏10, pp.202下 – 203上) 내용 발췌.

89) 『勝鬘獅子吼一乘大方便方廣經』(大正藏12, p.222中)

에서는 자성을 청정심이라 말한다. 『기신론』[90]에서는 일체법
은 종본 이래로 언설·명자·심연 등의 相을 벗어나 오직 일
심일 뿐이라고 말한다. 『능가경』[91]에서는 견실심이라 말한다.
진실로 성종에서 말하는 본성은 空寂일 뿐만 아니라 自然常
知이다. 때문에 당연히 제법의 本源을 心으로 간주한 것이다.

3) 性字에는 두 가지 體의 차이가 있다

三性字二體異者。空宗以諸法無性爲性。性宗以靈明常住
不空之體爲性。故性字雖同。而體異也。

셋째, 性字에는 두 가지 體의 차이가 있다는 것은 다음과
같다.
공종의 경우는 제법의 無自性을 性으로 간주한다. 성종의
경우는 靈明하여 常住하는 不空의 體를 性으로 간주한다. 때
문에 性字는 같을지라도 體는 다르다.

4) 眞智·眞知의 차이가 있다.

四眞智眞知異者。空宗以分別爲知。無分別爲智。智深知
淺。性宗以能證聖理之妙慧爲智。以該於理智通於凡聖之靈
<眞?>性爲知。知通智局。上引問明品已自分別。況十迴向
品說眞如云。照明爲性。起信說。眞如自體眞實識知。

---

90) 眞諦 譯, 『大乘起信論』(大正藏32, p.576上)
91) 『楞伽阿跋陀羅寶經』 卷1(大正藏16, p.481下)

넷째, 眞智·眞知의 차이가 있다는 것은 다음과 같다.

공종의 경우는 분별하는 것을 知로 간주하고, 無分別을 智로 간주하여 智는 깊고 知는 얕다고 본다. 성종의 경우는 聖理를 증득하는 묘혜를 智로 간주하고 理·智를 갖추고 凡·聖에 통하는 眞性을 知로 간주하여 知는 通이고 智는 局하다고 본다. 때문에 상권에서 인용한 『화엄경』의 보살문명품92)에서 이미 분별하였다. 또 『화엄경』 십회향품에서 "진여는 照明하는 것을 性으로 간주한다."93)고 설하고, 『기신론』에서는 "진여자체상은 진실하게 여실하게 了知한다는 뜻이 있다."94)고 설한다.

5) 有我·無我의 차이가 있다

五有我無我異者。空宗以有我爲妄。無我爲眞。性宗以無我爲妄。有我爲眞。故涅槃經云。無我者名爲生死。有我者名爲如來。又云。我計無我是顚倒法。乃至廣破二乘無常無我之見。如春池執礫爲寶。廣讚常樂我淨而爲究竟。乃至云無我法中有眞我(良由衆生迷自眞我。妄執五蘊爲我。故佛於大小乘法相及破相敎中破之云無。今於性宗直明實體。故顯

---

92) 『大方廣佛華嚴經』 卷10(大正藏10, p.69上) 내용 참조. 위의 顯示眞心卽性敎의 대목 가운데 "묻는다 : 위에서 이미 청정자성이 了了常知 하다고 하였다. 그렇다면 어째서 굳이 제불이 그 청정자성·진성을 개시해 줄 필요가 있는가." 에 답한 부분 참조.

93) 『大方廣佛華嚴經』 卷30(大正藏10, p.162中－下) "譬如眞如照明爲體 善根迴向亦復如是 以普照明 而爲其性" 내용 발췌.

94) 實叉難陀 譯, 『大乘起信論』 卷上(大正藏32, p.587中) "復次眞如自體相者 … 謂大智慧光明義 遍照法界義 如實了知義 本性淸淨心義 常樂我淨義 寂靜不變自在義" 내용 발췌.

之云有也)

다섯째, 有我·無我의 차이가 있다는 것은 다음과 같다.

공종의 경우는 有我는 妄이고 無我는 眞이라 간주한다. 성종의 경우는 無我는 妄이고 有我는 眞이라 간주한다. 때문에 『열반경』에서는 "진아가 없는 것은 생사이고 진아가 있는 것은 여래라 말한다."[95]고 말한다. 또 "有我를 無我라 하고 무아를 유아라 계탁하는 것은 전도된 법이다.", "봄날 연못에서 놀다가 유리보배를 실수로 물속에 빠뜨렸다. 여러 사람이 보배를 찾으러 물속에 들어갔는데 각자 기왓장·돌멩이·자갈 등을 유리보배로 알고 기뻐하면서 나왔는데 정작 우리보배가 아니었다."[96]고 이승에서 말하는 無常·無我의 견해를 자세하게 타파한다. 또 "我는 곧 佛에 계합된다는 뜻이고, 常은 법신의 뜻이며, 樂은 열반의 뜻이고, 淨은 法의 뜻이다."[97]고 자세하게 찬탄한다. "세간을 연민하시는 대의왕께서는/ 법신 및 지혜가 모두 적정하시고/ 무아법에서도 진아를 갖추십니다/ 때문에 무상존에게 경례 드립니다/"[98]고 말한다(진실로 중생은 자기의 진아에 미혹하여 오온을 我로 망집한다. 때문에 부처님께서는 대·소승의 법상 및 밀의파상설상교의 공종에서 내세우는 파상까지도 無라고 말했다. 여기 성종에서는 실체를 직접적으로 설명하기 때문에 그것을 드러내어 有라 말한다).

---

95) 『大般涅槃經』 卷2(大正藏12, p.617中) 내용 발췌.
96) 『大般涅槃經』 卷2(大正藏12, p.617下) 내용 발췌.
97) 『大般涅槃經』 卷2(大正藏12, p.617上) 내용 발췌.
98) 『大般涅槃經』 卷34(大王藏12, p.838上) "憐愍世間大醫王/ 身及智慧俱寂靜/ 無我法中有眞我/ 是故敬禮無上尊/"

6) 遮詮·表詮의 차이가 있다

六遮詮表詮異者。遮謂遣其所非。表謂顯其所是。又遮者
揀却諸餘。表者直示當體。如諸經所說眞妙理性。每云。不
生不滅。不垢不淨。無因無果。無相無爲。非凡非聖。非性
非相等。皆是遮詮(諸經論中。每以非字非却諸法。動即有三
十五十箇非字也。不字無字亦爾。故云絶百非)若云知見覺
照。靈鑒光明。朗朗昭昭。惺惺寂寂等。皆是表詮。若無知
見等體。顯何法爲性。說何法不生滅等。必須認得見今了
然。而知卽是心性。方說此知不生不滅等。如說鹽。云不淡
是遮。云鹹是表。說水。云不乾是遮。云濕是表。諸敎每云
絶百非者。皆是遮詞。直顯一眞＜是?＞。方爲表語。空宗之
言但是遮詮。性宗之言有遮有表。但遮者未了。兼表者乃
的。今時學人皆謂。遮言爲深。表言爲淺。故唯重非心非
佛。無爲無相。乃至一切不可得之言。良由但以遮非之詞爲
妙。不欲親自證認法體故如此也(悟息後卽任遮表臨時)

여섯째, 遮詮·表詮의 차이가 있다는 것은 다음과 같다.

遮는 잘못된 것을 제거하는 것을 말하고, 表는 옳은 것을
드러내는 것을 말한다. 또 遮는 모든 불필요한 것을 가려내어
없애는 것이고, 表는 당체를 직접 드러내는 것이다. 가령 제
경에서 眞妙의 理性에 대하여 늘 不生·不滅·不垢·不
淨·無因·無果·無相·無爲·非凡·非聖·非性·非相 등
이라 설명한 것은 모두 遮詮이다(제경론에서 늘 제법에 대하
여 非字를 붙여 그렇지 않다고 부정하는 것으로 대략 30개
내지 50개의 非字가 등장한다. 不字 내지 無字도 또한 마찬

가지이다. 때문에 絶百非라 말하기도 한다).

이에 또 知·見·覺·照·靈鑒·光明·朗朗·昭昭·惺惺·寂寂 등이라 말한 것은 모두 表詮이다. 만약 知·見 등의 당체가 없다면 어떤 법을 性으로 드러내고, 어떤 법을 생멸이 없다고 설명하겠는가. 반드시 지금 눈앞에 보이는 것을 분명하게 인식하여 그것이 그대로 심성인 줄 인지[知]해야만 바야흐로 그 인지[知]가 불생·불멸임을 설명할 수 있다.

가령 소금에 대하여 싱겁지 않다고 말하는 것은 遮이고 짜다고 말하는 것은 表이며, 물에 대하여 마른 상태가 아니라고 설하는 것은 遮이고 축축하다고 말하는 것은 表이다. 諸敎에서 늘 絶百非라 말하는 것은 모두 遮詞이고 직접 긍정하는 것은 바야흐로 表語이다.

공종에서는 단지 차전만 말하고, 성종에서는 차전과 표전을 말한다. 다만 차전만 가지고는 未了義이기 때문에 거기에 표전을 가해야 적확하다. 그런데 오늘날 사람들은 모두 遮言은 깊다고 말하고 表言은 얕다고 말한다. 때문에 오직 심도 없고 佛도 없으며 無爲·無相 내지 일체가 불가득하다는 말만 중시한다. 그것은 진실로 다만 차전의 부정적인 측면만 오묘한 것으로 간주할 뿐, 자신이 친히 법체가 본래부터 그와 같은 줄을 證認하려고 하지 않은 탓으로 말미암은 것이다(그러나 자신이 깨치고 나면 차전과 표전은 마음대로 활용할 수 있다).

7) 認名·認體의 차이가 있다

七認名認體異者。謂佛法世法一一皆有名體。且如世間稱大不過四物。如智論云。地水火風是四物名。堅濕暖動是四物體。今且說水。設有人問。每聞澄之卽淸。混之卽濁。堰之卽止。決之卽流。而能漑灌萬物洗滌萬穢。此是何物(擧功能義用而問也)　答云。是水(擧名答也)　愚者認名便謂已解。智者應更問云。何者是水(徵其體也)答云。濕卽是水(剋體指也。此一言便定更無別字可替也。若云水波淸濁凝流是水　何異他所問之詞)　佛法亦爾。設有人問。每聞諸經云。迷之卽垢。悟之卽淨。縱之卽凡。修之卽聖。能生世間出世間一切諸法。此是何物(擧功能義用而問也)　答云。是心(擧名答也)愚者認名便謂已識。智者應更問。何者是心(徵其體也)　答知卽是心(指其體也。此言最的。餘字不如。若云非性非相能語言運動等是心者。何異他所問詞也)　以此而推水之名體。各唯一字。餘皆義用。心之名體亦然。濕之一字貫於淸濁等萬用萬義之中。知之一字亦貫於貪嗔慈忍善惡苦樂萬用萬義之處。今時學禪人多疑云。達摩但說心。荷澤何以說知。如此疑者。豈不似疑云比只聞井中有水。云何今日忽覺井中濕耶。思之思之。直須悟得水是名不是濕。濕是水不是名。卽淸濁水波凝流。無義不通也。以例＜悟得＋?＞心是名不是知。知是心不是名。卽眞妄垢淨善惡。無義不通也。空宗相宗爲對初學及淺機。恐隨言生執。故但標名而遮其非。唯廣以義用而引其意。性宗對久學及上根令忘言認體。故一言直示(達摩云。指一言以直示。後人意不解尋思。何者是一言。若云卽心是佛是一言者。此是四言。何爲名一也)。認得體已。方於體上照察義用。故無不通矣。

일곱째, 認名·認體의 차이가 있다는 것은 다음과 같다.

불법과 세간법에는 낱낱이 모두 名과 體가 있다. 또 세간에서 일컫는 근본요소[大]는 四物에 지나지 않는다. 『대지도론』
에서는 "지·수·화·풍은 사물의 名이고, 堅·濕·暖·動
은 사물의 體이다."[99]고 말한다. 이제 水에 대하여 말해 보겠다.

　가령 어떤 사람이 늘 "澄하면 淸하고 混하면 濁하며, 堰하
면 止하고, 決하면 流하며, 萬物에 漑灌하면 萬穢를 씻어 주
는 이것은 무엇인가."라는 말을 듣고서 "그것이 무엇인가."(공
능의 義·用을 들어 그것을 묻는다)라고 묻는다. 그러면 "그
것은 水이다."고 답변한다(名을 들어 답변한다). 어리석은 자
는 名만 인식하면 곧 "알았다.[解]"고 말하지만 지혜로운 자
는 마땅히 "水란 무엇인가."(그 體를 따져 묻는다)라고 다시
묻는다. 그러면 "濕한 것이 곧 水이다."(體를 가지고 水를 가
리킨다. 濕이라는 한마디로 곧 水가 정해지므로 달리 대체할
문자가 필요 없다. 만약 水·波·淸·濁·凝·流만 가지고
水라고 말한다면 어찌 앞에서 어리석은 사람이 질문한 것과
다르겠는가)고 답변한다.

　불법도 또한 그와 마찬가지이다. 가령 어떤 사람이 늘 "제
경에서 迷하면 垢해지고, 悟하면 淨해지며, 縱하면 凡이 되
고, 修하면 聖이 되어 세간 및 출세간의 일체제법을 생기한
다."는 말을 듣고서 "그것이 무엇인가."(공능의 義·用을 들어
그것을 묻는다)라고 묻는다. 그러면 "그것은 心이다."(名을 들
어 답변한다)고 답변한다. 어리석은 자는 名만 인식하면 곧
"알았다.[識]"고 말하지만 지혜로운 자는 마땅히 "心이란 무
엇인가."(그 體를 따져 묻는다)라고 다시 묻는다. 그러면 "아
는 것[知]이 곧 心이다."(體를 가지고 水를 가리킨다. 이 心이

---

99) 『大智度論』卷6(大正藏25, p.102下), 卷31(大正藏25, p.293下), 卷32(大正
藏25, p.297中) 내용 발췌.

라는 한마디가 가장 적확한 것으로 다른 말은 그렇지 못하다. 만약 性도 아니고 相도 아니며 말하고 운동하는 것들을 心이라 말한다면 어찌 앞에서 어리석은 사람이 질문한 말과 다르겠는가)고 답변한다.

이로써 미루어 보면 水의 名·體는 각각 한 글자일 뿐이고 나머지는 모두 義·用이다. 心의 名·體도 또한 마찬가지이다. 濕이라는 한 글자가 淸·濁 등 萬用·萬義를 두루 꿰뚫고 있듯이 知라는 한 글자도 또한 마찬가지로 貪·嗔·慈·忍·善·惡·苦·樂 등의 萬用·萬義의 도리를 꿰뚫고 있다.

오늘날 선을 배우는 사람들은 대부분 "달마는 단지 心만 설했을 뿐인데 하택은 어째서 知를 설했는가."라고 의심하는 질문을 한다. 이처럼 의심하는 사람이라면 어찌 '단지 우물 속에 물이 있다는 말만 듣고서 그것을 당일에야 불쑥 우물이 濕하다는 도리를 알게 된 것은 무슨 이유인가.'라고 의심하는 사람과 같지 않겠는가. 곰곰이 잘 생각해 볼 일이다.[100] 모름지기 水는 名일 뿐이지 濕이 아니고 濕은 水일 뿐이지 名이 아닌 줄을 알아야 곧 淸·濁·水·波·凝·流의 어떤 義에도 통하지 못할 것이 없다. 위의 예처럼 心은 名일 뿐이지 知 그 자체가 아니고 知는 心일 뿐이지 名 그 자체가 아닌 줄 알아야 곧 眞·妄·垢·淨·善·惡의 어떤 義에도 통하지 못할 것이 없다.

空宗과 相宗의 경우는 初學 및 淺機를 상대로 한 것이다. 따라서 그들이 言을 좇아 집착을 낼까 봐 그것을 염려한 까닭에 단지 名을 드러내어 非를 차단하여 오직 널리 義·用을

---

100) 1493년 전라도 고산 佛名山 花巖寺 重刊本 및 明 萬力 4년(조선 선조 9년 1576년)본에는 '곰곰이 잘 생각해 볼 일이다[思之思之].'에 해당하는 대목이 없다.

가져다 그 뜻[意]를 끌어들였을 뿐이다.

그러나 性宗의 경우는 久學 및 上根을 상대로 한 것이다. 따라서 忘言으로 體를 인식케 하려는 까닭에 一言으로 直示하였다(달마는 "一言을 제시하여 直示한다."고 말했다. 그러나 후인은 달마의 그 一言이 무엇인가를 찾아 헤맨다. 만약 卽心是佛을 그 一言이라 말한다면 그것은 곧 四言이 되어버리는데 어찌 一言이타 하겠는가). 이에 그 體를 인식한 연후에야 바야흐로 그 體에서 意·用을 照察하여 통하지 못할 것이 없게 된다.

8) 二諦·三諦의 차이가 있다

八二諦三諦異者。空宗所說世出世間一切諸法不出二諦。學者皆知。不必引釋。性宗則攝一切性相及自體總爲三諦。以緣起色等諸法爲俗諦。緣無自性諸法卽空爲眞諦(此與空宗相宗一諦義無別也)。一眞心體。非空非色。能空能色。爲中道第一義諦。其猶明鏡。亦具三義。鏡中影像。不得呼靑爲黃。姸媸各別如俗諦。影無自性一一全空如眞諦。其體常明。非空非靑黃。能空能靑黃。如第一義諦。具如瓔珞大品本業等經所說。故天台宗依此三諦修三止三觀。成就三德也。

여덟째, 二諦·三諦의 차이가 있다는 것은 다음과 같다.

공종에서는 세간과 출세간의 일체제법은 二諦를 벗어나지 않는다고 설한다. 이것은 학자들이라면 누구나 알고 있는 바이므로 굳이 해석할 필요는 없다.

그런데 성종에서는 일체의 性·相·自體를 섭수하여 모두

三諦로 간주한다. 곧 緣起하는 색 등의 제법을 속제로 간주하고, 무자성을 반연하는 제법의 卽空을 진제로 간주하며(이것은 공종·상종에서 말하는 二諦의 뜻과 다르지 않다), 일진심의 체가 공하지만 非空·非色·能空·能色을 中道第一義諦로 간주한다. 이것은 마치 거울처럼 역시 세 가지 뜻을 갖추고 있다. 곧 거울에 비친 형상의 경우 靑을 黃이라 할 수 없는 것처럼 고운 것[姸]과 추한 것[媸]이 각각 다른 것은 속제와 같고, 거울에 비친 영상이 무자성하여 낱낱이 모두 공한 것은 진제와 같으며, 그 體가 항상 밝아 非空·非靑黃·能空·能靑黃한 것은 중도제일의제와 같다. 이것은 모두『보살영락본업경』·『대품반야경』·『보살본업경』 등에서 설한 바와 같다. 때문에 천태종에서는 이 三諦에 의거하여 三止·三觀을 수행하여 三德을 성취한다.[101]

9) 三性에 대하여 각각 空·有의 차이가 있다

九三性空有異者。三性謂遍計所執性(妄情於我及一切法周遍計度。一一執爲實有。如癡孩鏡中見人面像執爲有命質礙骨肉等)。依地起性(此所執法。依他衆緣相因而起。都無自性。唯是虛相。如鏡中影像也)。圓成實性(本覺眞心始覺顯現。圓滿成就。眞實常住。如鏡之明)。空宗云。諸經每說有者。卽約遍計依他。每說空者。卽是圓成實性。三法皆無性也。性宗卽三法。皆具空有之義。謂遍計情有理無。依他相有性無。圓成情無理有。相無性有。

---

101)『菩薩瓔珞本業經』·『大品般若經』·『菩薩本業經』 등에서 말하는 三諦의 의미와 천태종에서 말하는 三諦의 의미가 반드시 같지는 않다.

아홉째, 三性에 대하여 각각 空·有의 차이가 있다는 것은 다음과 같다.

三性은 변계소집성(我 및 일체법에 대하여 妄情으로 모든 것을 計度한다. 그리하여 낱낱이 모든 것에 집착하여 實有로 간주한다. 마치 어리석은 아이가 거울 속에 비친 사람의 얼굴을 보고 그 영상에 생명·형상·骨肉 등이 있다고 집착하는 것과 같다)·의타기성(그렇게 집착된 법은 다른 衆緣·相因에 의하여 일어나는 것으로 전혀 자성이 없다. 그래서 오직 허상일 뿐이다. 마치 거울에 비친 형상과 같다)·원성실성을 말한다(본각의 진심이 시각으로 현현하여 원만하게 성취되어 진실·상주한 것이다. 마치 거울에 사물이 그대로 비치는 것과 같다).

공종에서는 "제경에서 늘 말하는 有는 곧 변계소집성과 의타기성에 의한 것이고, 늘 설하는 空은 곧 원성실성에 의한 것이다. 三法은 모두 無性이다."고 말한다.

그러나 성종에서는 "三法에 모두 空·有의 뜻을 갖추고 있다. 말하자면 변계소집성의 경우 情은 有이지만 理는 無이고, 의타기성의 경우 相은 有이지만 性은 無이며, 원성실성의 경우 相은 無이지만 性은 有이다."고 말한다.

10) 佛德에 대하여 각각 空·有의 차이가 있다

十佛德空有異者。空宗說佛以空爲德。無有少法是名菩提。色見聲求皆行邪道。中論云。非陰不離陰。此彼不相在。如來不有陰。何處有如來。離一切相卽名諸佛。性宗則一切諸佛自體。皆有常樂我淨。十身十智眞實功德。相好通光一一無盡。性自本有不待機緣。

　열째, 佛德에 대하여 각각 空·有의 차이가 있다는 것은 다음과 같다.

　공종에서는 "佛은 空을 덕으로 간주하여 어떤 법도 보리라고 말할 것이 없다."고 설한다. 가령 "형색이나 음성을 통하여 여래를 추구하는 것은 모두 邪道이다."[102]고 말한다. 가령 중론에서는 "오음도 아니고 오음을 벗어남도 아니며/ 여래는 오음과 오음을 벗어남에도 없네/ 여래는 오음 가운데도 들어 있지 않는데/ 그렇다면 도대체 여래는 어디에 있는가."[103]라고 말한다. 또 "일체제상을 벗어난 것을 제불이라 말한다."[104]고 설한다.

　성종에서는 "일체제불의 자체에는 모두 常·樂·我·淨·十身·十智·眞實功德·相好通光이 낱낱이 끝이 없다. 이것은 제불의 성품 자체에 本有한 것이지 기연을 말미암은 것이 아니다."[105]고 말한다.

9. 禪敎一味

　十異歷然二門煥矣。雖分敎相亦勿滯情。三敎三宗是一味法。故須先約三種佛敎證三宗禪心。然後禪敎雙忘心佛俱

---

102) 『金剛般若波羅蜜經』(大正藏8, p.752上)

103) 『中論』 卷4(大正藏30, p.29下)

104) 『金剛般若波羅蜜經』(大正藏8, p.754中)

105) 曇無讖 譯, 『大般涅槃經』 卷2(大正藏12, p.377下)

寂。俱寂卽念念皆佛。無一念而非佛心。雙忘卽句句皆禪。
無一句而非禪敎。如此則自然聞泯絶無寄之說。知是破我執
情。聞息妄修心之言。知是斷我習氣。執情破而眞性顯。卽
泯絶是顯性之宗。習氣盡而佛道成。卽修心是成佛之行。頓
漸空有旣無所乖。荷澤江西秀能豈不相契。若能如是通達。
則爲他人說無非妙方。聞他人說無非妙藥。藥之與病。只在
執之與通。故先德云。執則字字瘡疣。通則文文妙藥。通者
了三宗不相違也。

　이로써 공종과 상종에 열 가지 차이점이 분명해졌다. 비록
敎相은 나뉜다 할지라도 역시 그 차이점에 얽매여서는 안 된
다. 삼교와 삼종은 일미의 법이다. 때문에 모름지기 먼저 삼종
의 불교에 의거하여 삼종의 선심을 증명해야 한다. 그런 연후
에는 禪·敎를 둘 다 잊어 心·佛까지도 모두 적정해야 한
다. 모두 적정해지면 念念이 모두 佛이 되어 一念도 佛·心
아님이 없고, 둘 다 잊으면 句句가 모두 禪이 되어 一句도
禪·敎 아님이 없다.

　이와 같은즉 자연히 민절무기종의 설법을 들으면 그것이야
말로 아집의 생각을 타파하는 것임을 안다. 또 식망수심종의
말씀을 들으면 그것이야말로 我에 대한 습기를 단절하는 것임
을 안다. 그리고 견해에 대한 집착을 타파하고 진성을 현현시
키면 곧 민절무기종이 그대로 직현심성종이고 我에 대한 습기
를 없애고 불도를 성취하면 곧 식망수심종이 그대로 성불의
수행이다.

　頓·漸·空·有가 이미 어긋날 것이 없는데 하택의 종지
와 강서의 종지와 신수의 종지와 혜능의 종지가 어찌 서로 계

합되지 않겠는가. 만약 이와 같은 줄 통달하면 곧 타인에게 설하는 교법이 妙方 아님이 없고, 타인에게서 듣는 교설도 妙藥 아님이 없다. 약이 되느냐 병이 되느냐 하는 것은 단지 교설에 집착하느냐 통달하느냐에 달려 있다. 때문에 先德은 "교설에 집착하면 모든 글자가 종기나 혹[瘡疣]이 되지만 교설에 통달하면 모든 글이 妙藥이 된다."고 말한다. 교설에 통달하면 선의 삼종은 서로 어긋나지 않는다.

1) 頓敎와 漸敎

問前云。佛說頓敎漸敎。禪開頓門漸門。未審三種敎中何頓何漸。答法義深淺已備盡於三種。但以世尊說時儀式不同。有稱理頓說。有隨機漸說。故復名頓敎漸敎。非三敎外別有頓漸。

묻는다 : 위에서 佛[교학]은 돈교·점교를 설하고 선[선종]에서는 돈문·점문을 열었다고 말했다. 그렇다면 삼종의 교학에서는 어떤 것을 돈교라 하고 어떤 것을 점교라 했는가.

답한다 : 法·義의 深·淺은 이미 삼종의 교학에 모두 갖추어져 있다. 다만 세존께서 설법할 때 의식이 같지 않았기 때문에 도리에 맞는 頓說이 있고 근기에 따른 漸說이 있을 뿐이다. 때문에 또 돈교·점교라 말했더라도 그것은 삼교 이외에 달리 돈·점이 있는 것이 아니다.

漸者爲中下根卽時未能信悟圓覺妙理者。且說前人天小乘乃至法相(上皆第一敎也)。破相(第二敎也)。待其根器成熟。

方爲說於了義。卽法華涅槃等經是也(此及下逐機頓敎合爲第
三敎也。其化儀頓卽總攝三般。西域此方古今諸德。所判敎
爲三時五時者。但是漸敎一類。不攝華嚴經等)

漸은 다음과 같다.

중·하근기의 경우는 즉시 원각의 묘리를 信·悟하지 못
하기 때문에 짐짓 위에서 人·天·小乘 내지 法相(이상[106])
은 밀의의성설상교이다)·破相(밀의파상현성교이다)을 설하여
根器가 성숙한 연후에 바야흐로 了義敎를 설한다. 곧『법화
경』·『열반경』 등이 그것이다(이것[107] 및 이하의 逐機의 頓
敎는 모두 현시진심즉성교이다. 그리고 化儀의 頓敎는 모두
삼종반야[108])에 포함된다. 서역·중국에서 고·금의 諸德이 행
한 判敎인 三時·五時는 다만 漸敎에만 해당될 뿐으로 여기
에『화엄경』 등은 포함되지 않는다).

頓者復二。一逐機頓。二化儀頓。逐機頓者。遇凡夫上根
利智。直示眞法。聞卽頓悟全同佛果。如華嚴中初發心時卽
得阿耨菩提。圓覺經中觀行成時卽成佛道。然始同前二敎中
行門。慚除凡習漸顯聖德。如風激動大海不能現像。風若頓
息則波浪漸停影像漸顯也(風喻迷情。海喻心性。波喻煩惱。
影喻功用。起信論中一一配合) 卽華嚴一分及圓覺佛頂密嚴
勝鬘如來藏之類二十餘部經是也。遇機卽說不定初後與禪門

---

106) 人天因果敎·斷惑滅苦敎·將識破境敎를 가리킨다.

107) 了義敎에 해당하는『법화경』·『열반경』을 가리킨다.

108) 實相般若는 반야의 理體 곧 實性이고, 觀照般若는 실상을 관조하는 絶對智
    이며, 文字般若는 제법을 분별하는 相對智이다.

第三直顯心性宗全相同也。

頓은 다음과 같다.

頓에는 두 가지가 있다. 첫째는 逐機의 頓敎이고, 둘째는 化儀의 頓敎이다.

첫째, 逐機의 돈교란 범부이면서도 上根·利智인 자는 진법을 직시하면 그것을 듣는 즉시 돈오하여 佛果와 온전히 동일하게 되는 경우를 말한다. 곧 『화엄경』에서 말하는 것처럼 처음 발심하는 때 곧 아뇩다라삼먁삼보리를 증득하는 경우 및 『원각경』에서 말하는 것처럼 관행이 성취되는 때 불도를 성취하는 경우이다.

그러나 처음에는 밀의의성설상교·밀의파상현성교의 수행문처럼 점차 凡習이 제거되면서 聖德이 드러난다. 마치 바람이 격동하면 대해가 형상을 비추어 내지 못하지만 만약 바람이 완전히 그치면 파랑이 점차 그치고 영상이 점차 드러나는 것과 같다(바람은 迷情을 비유한다. 바다는 心性을 비유한다. 파랑은 煩惱를 비유한다. 영상은 功用을 비유한다. 『기신론』에는 낱낱이 배대되어 있다).

『화엄경』의 일부분·『원각경』109)·『불정경』110)·『밀엄경』·『승만경』·여래장경전류111) 등 20여 부의 경전이 그것이다. 상응하는 근기를 만나면 설해 주는 것이므로 가르침에 初·後가 정해져 있지 않다. 이것은 선문의 셋째에 해당하는 직현심성종의 경우와 온전히 동일하다.

---

109) 『大方廣佛圓覺修多羅了義經』을 가리킨다.
110) 『大佛頂如來密印修證了義諸菩薩萬行首楞嚴經』을 가리킨다.
111) 『不增不減經』·『如來藏經』·『楞伽經』 등 여래장 계통의 경전을 가리킨다.

二化儀頓。謂佛初成道。爲宿世緣熟上根之流。一時頓說
性相理事。衆生萬惑。菩薩萬行。賢聖地位諸佛萬德。因該
果海。初心卽得菩提。果徹因源。位滿猶稱菩薩。此唯華嚴
一經及十地論。名爲圓頓敎。餘皆不備。(前敍外難云。頓悟
成佛是違經者。余今於此通了)　　其中所說。諸法是全一心之
證＜諸?＞法。一心是全諸法之一心。性相圓融一多自在。故
諸佛與衆生交徹。淨土與穢土融通。法法皆彼此互收。塵塵
悉包含世界。相入相卽無礙鎔融。具十玄門重重無盡。名爲
無障礙法界。

둘째, 化儀의 돈교란 말하자면 다음과 같다. 부처님께서 처
음에 성도하여 숙세의 인연이 성숙된 상근기의 부류에 일시에
性·相·理·事·衆生의　萬惑·菩薩의　萬行·賢聖의　地
位·諸佛의　萬德·因이 果海를 該攝함·初心에 菩提를 증
득함·果가 因源에 徹함·수행의 계위가 충만해도 끝내 보살
이라 칭함 등을 頓說하는 경유이다. 이처럼 화의의 돈교는 오
직『화엄경』및『십지론』뿐으로 원돈교라 말한다. 나머지 경
론은 화의의 돈교를 전혀 구비하지 못하고 있다(위에서 서술
한 '돈오하여 성불한다는 것은 경전에 위배된다.'고 힐난한 외
도에 대하여 지금 나 종밀은 여기에서 싸잡아 답변한다)
　여기 화의돈교에서 설한 제법은 곧 모두 일심의 제법이고
일심은 곧 모두 제법의 일심이다. 이에 性·相이 원융하고
一·多가 自在하다. 때문에 제불과 중생이 交徹하고, 정토와
예토가 融通하며, 法法이 모두 彼·此에 互收하고, 塵塵이
모두 삼천대천세계를 포함하며, 상입하고 상즉하며, 無礙·鎔
融하다. 이처럼 십현문이 중중두진으로 갖추어져 있으므로 무

장애법계라 말한다.

　此上頓漸皆就佛約敎而說。若就機約悟修說者。意又不
同。如前所敘諸家。有云。先因漸修功成而豁然頓悟(猶如伐
木片片漸斫一時頓倒。亦如遠詣都城。步步漸行。一日頓到
也)。有云。因頓修而漸悟(如人學射。頓者箭箭直注意在中
的。漸者日久方始漸親漸中。此說運心頓修。不言功行頓畢)
有云。因漸修而漸悟(如登九層之臺。足履漸高。所見漸遠。
故有人云。欲窮千里目。更上一層樓)　等者。皆說證悟也。
有云。先須頓悟方可漸修者。此約解悟也(約斷障說。如日頓
出霜露漸消。約成德說。如孩子生。卽頓具四肢六根。長卽
漸成志氣功業)。故華嚴說。初發心時卽成正覺。然後三賢十
聖次第修證。若未悟而修非眞修也(良以非眞流之行無以稱
眞。何有修眞之行不從眞起。故彼經說。若未聞說此法。多
劫修六度行。畢竟不能證眞也)。有云。頓悟頓修者。此說上
上智根性樂欲俱勝(根勝故悟欲勝故修)。一聞千悟得大總持。
一念不生前後際斷(斷障如斬一綟絲。萬條頓斷。修德如染一
綟絲。萬條頓色也。荷澤云。見無念體不逐物生。又云。一
念與本性相應。便具河沙功德。八萬四千波羅蜜門。一時齊
用也)。此人三業唯獨自明了。餘人所不見(金剛三昧經云。空
心不動具六波羅蜜。法華亦說。父母所生眼耳徹見三千界等
也)。且就事跡而言之。如牛頭融大師之類也。此門有二意。
若因悟而修。卽是解悟。若因修而悟。卽是證悟。

　위에서 말한 돈·점은 모두 佛의 입장에서 敎에 의거하여
설한 것이다. 만약 機의 입장에서 悟·修에 의거하여 설한다

면 뜻도 역시 같지 않다.

위에서 서술한 諸家 가운데 어떤 사람은 다음과 같이 말한다. "먼저 점수로 공능의 성취를 인하여 활연히 돈오한다."(마치 벌목의 경우처럼 조각조각 점차 베어 내다가 일시에 넘어뜨리는 것과 같다. 또 가치 멀리 도성까지 나아가는 경우 일 보 일 보 점차 나아가다가 어느 날 마침내 도성에 도착하는 것과 같다.)

또 어떤 사람은 다음과 같이 말한다. "돈수를 인하여 점오한다."(마치 활쓰기를 바우는 것과 같다. 頓은 화살을 쏠 때마다 과녁에 주의를 기울이는 것이다. 漸은 오랜 후에 바야흐로 점차 익숙해지고 점차 과녁에 맞는 것이다. 여기에 갈하는 것은 運心의 頓修를 말하는 것이지 功行이 頓畢되었다는 것은 아니다.)

또 어떤 사람은 다음과 같이 말한다. "점수를 인하여 점오한다."(마치 구 층의 탑을 오를 경우 층이 점차 높아지면서 점차 멀리까지 보이는 것과 같다. 때문에 어떤 사람은 "천 리를 모두 내다보려면 다시 한 층을 더 올라가야 한다."고 말한다.112)) 이와 같은 말은 모두 證悟를 말한 것이다.

어떤 사람이 "먼저 모름지기 돈오해야 바야흐로 점수가 가능하다."고 말하는 것은 解悟의 입장이다(장애를 단제하는 입장에서 설하면 마치 해가 뜨더라도 이슬과 서리는 점차 소멸하는 것과 같다. 공덕이 성취되는 입장에서 설하면 마치 아이가 태어날 때부터 사지와 육근이 갖추어져 있지만 자라면서 점차 志氣와 功業이 성취되는 것과 같다). 그러므로 『화엄경』

---

112) 王之渙, [登觀鵲樓], "白日依山盡 黃河入海流 欲窮千里目 更上一重樓"

에서는 "처음에 발심하는 때가 곧 정각을 성취한다."113)고 설
하면서 연후에 三賢·十聖 등 차제로 修證할 것을 말한다.
만약 아직 悟가 없는 상태로 修한다면 그것은 眞修가 아니다
(정녕 眞流의 行이 아니면 眞이라 일컬을 수 없다. 어찌 眞의
修行이 眞으로부터 생기지 않겠는가. 때문에 어떤 경전에서는
"만약 이 법을 듣지 못하면 다겁에 걸쳐 육바라밀을 닦아도
필경에 眞을 증득하지 못한다."고 설한다).

　　또 어떤 사람은 "돈오하고 돈수한다."고 말한다. 이 경우는
上上의 智者가 근성도 뛰어나고 구도하려는 욕구도 뛰어나
(근성이 뛰어나기 때문에 깨치고, 욕구가 뛰어나기 때문에 수
행한다) 하나를 들으면 천 가지를 깨치고 大總持를 터득하여
찰나도 번뇌가 일어나지 않고 전제 및 후제의 분별이 단절된
상태를 설명한 것이다(장애를 단제하는 경우는 마치 한 가닥
의 실을 자르면 만 가닥의 실이 전체가 잘리는 것과 같고, 공
덕을 닦는 경우는 마치 한 가닥의 실을 물들이면 만 가닥의
실 전체가 물드는 것과 같다. 하택은 "무념의 체를 철견하면
중생의 윤회가 없다."114)고 말하였고 또 "일념이 본성에 상응
하면 곧 항하사의 공덕이 구비된다."고 말했다. "팔만 사천 가
지 바라밀문이 일시에 더불어 적용한다."고 말했다).

　　이와 같은 사람의 신업·구업·의업은 저절로 유독 명료하
여 다른 사람은 따를 경계가 아니다(『금강삼매경』에서는 "空
心은 부동하여 육바라밀을 갖추고 있다."115)고 말하고 또 법
화경에서는 "부모로부터 물려받은 눈과 귀로 삼천대천세계를

---

113) 『大方廣佛華嚴經』 卷8(大正藏9, p.449下)
114) 『景德傳燈錄』 卷28(大正藏51, p.439下)
115) 『金剛三昧經』(大正藏9, p.367上)

철견한다.”116)고 설한다).

또 이 돈오돈수를 事跡의 입장에서 언급하면 저 우두법융 대사의 경우가 이어 속한다. 돈오돈수의 경우 두 가지 뜻이 있다. 첫째로 만약 悟를 인하여 修하면 곧 그것은 解悟가 되고, 둘째로 만약 修를 인하여 悟하면 곧 그것은 證悟가 된다.

然上皆只約今生而論。若遠推宿世則唯漸無頓。今頓見者。已是多生漸熏而發現也。有云。法無頓漸。頓漸在機者。誠哉此理。固不在言。本只論機。誰言法體。頓漸義意有此多門。門門有意。非强穿鑿。況楞伽四漸四頓(義與漸修頓悟相類)。此猶不敢繁云。比見時輩論者。但有頓漸之言。都不分析。就敎有化儀之頓漸。應機之頓漸。就人有敎授方便之頓漸。根性悟入之頓漸。發意修行之頓漸。於中唯云先頓悟後漸修。似違反也。欲絶疑者。豈不見日光頓出霜露漸消。孩子頓生(四肢六根卽具)。志氣漸立(肌膚人＜八＝＞物業藝皆漸成也)。猛風頓息波浪漸停。明良頓成禮樂漸學(如高貴子孫。於小時亂沒落爲奴。生來自不知貴。時淸父母訪得當日全身是貴人。而行跡去就不可頓改。故須漸學)。是知頓漸之義。甚爲要矣。

그러나 위에서 갈한 것은 모두117) 금생의 입장에서만 논한 것이다. 만약 멀리 숙세까지 추급한다면 오직 漸만 있고 頓은

---

116) 『妙法蓮華經』 卷6(大正藏9, ɔp.47下 – 48上) 내용을 요약하면 “부모로부터 물려받은 청정한 눈으로 삼천대천세계를 모두 보고, 청정한 귀로 삼천대천세계의 모든 소리를 듣는다.”는 것이다.

117) 漸과 頓에 대한 위의 모든 설명을 가리킨다.

없다. 지금 頓이라고 보는 경우는 이미 다겁생 동안 점차 훈습된 것이 드러난 것일 뿐이다.

어떤 사람의 "법에는 돈·점이 없다. 돈·점은 사람에게 있다."는 말은 진정 이 도리를 가리킨 것이다. 돈점이 본래 言에 있는 것이 아니라 본래 사람에게 있음을 논의한 것일 뿐인데 누가 法體를 이렇다 저렇다 말할 수 있겠는가. 돈·점의 의의에는 이처럼 多門이 있고 그 門마다 뜻이 있으므로 억지로 천착할 수는 없는 노릇이다. 더욱이 『능가경』에는 四漸·四頓도 있다(『능가경』의 뜻은 漸修頓悟의 경우와 비슷하다). 그러나 번거롭기 때문에 여기에서는 논하지 않는다. 요즈음 논하는 자들을 보면 단지 돈·점의 말만 늘어놓을 뿐이지 도무지 "곧 敎의 입장에는 化儀의 돈·점이 있고 應機의 돈·점이 있으며, 人의 입장에는 敎授하는 方便의 돈·점이 있고 根性으로 悟入하는 돈·점이 있으며 發意하여 修行하는 돈·점이 있다."는 경우처럼 돈·점을 분석한 경우는 찾아볼 수가 없다.

이 가운데 유독 "먼저 돈오하고 그 연후에 점수한다."는 말의 경우는 언뜻 보기에 틀린 말처럼 보인다. 그러나 의심을 단절하려는 자라면 어찌 햇빛이 문득 비치더라도 서리와 이슬은 점차 녹고, 아이가 막 태어나도(사지와 육근이 갖추어져 있다) 志氣는 점차 형성되며(근육과 피부·八物[118]·직업·예능 등은 점차 형성된다), 강한 바람이 모두 그쳐도 파랑은 점

---

118) 八物은 사람이 살아가는 데 필요한 8가지를 가리킨다. 토지 및 집을 구입하는 것, 좋은 나무를 재배하는 것, 갖가지 곡물을 저장하는 것, 노비를 거느리는 것, 갖가지 짐승을 기르는 것, 금은보화 등 재물을 모으는 것, 몸의 장식품을 모으는 것, 생활도구를 장만하는 것.

차 멎어 들고, 신분은 온전히 회복했지만 禮·樂은 점차 배워
야 한다(고귀한 집안의 자손이 어렸을 때 전쟁으로 몰락하여
노예가 되어 살아가면서 자기가 고귀한 신분임을 몰랐다. 그
러나 시절이 좋아져 부모를 찾은 당일부터 全身이 고귀한 신
분이 되었다. 그러나 그동안의 행적과 거취는 한꺼번에 고쳐
지는 것이 아니다. 때문에 모름지기 점차 배워야 한다는 것과
같다)는 사실을 보지 못했겠는가.

　이로써 돈·점의 뜻이야말로 대단히 중요한 줄을 알 것이다.

2) 敎法과 一眞心體

　然此文本意。雖但敘禪詮。緣達摩一宗。是佛法通體。諸
家所述又各不同。今集爲一藏。都成理事具足。至於悟解修
證門戶。亦始終周圓。故所敘之頓漸[119]須備盡其意。令血脈
連續本末有緖。欲見本末綸緖。先須推窮。此上三種頓說漸
說。敎中所詮之法。本從何來。見在何處。又須仰觀諸佛說
此敎意。本爲何事。卽一大藏經始終本末。一時洞然明了
也。且推窮敎法從何來者。本從世尊一眞心體流出。展轉至
於當時人之耳。今時人之目。其所說義。亦只是凡聖所依。
一眞心體隨緣流出。展轉遍一切處遍一切衆生身心之中。但
各於自心靜念如理思惟。卽如是如是而顯現也

　（華嚴云。如是如是思惟。如是如是顯現也）

　『都序』의 본의는 비록 禪詮에 대해서만 서술하였다. 그렇

지만 불법의 通體인 달마의 一宗과 諸家의 서술 또한 같지가 않다. 이런 연유로 지금 그것들을 모아서 一藏으로 만들어 모두 理·事를 구족하고 나아가서 悟·解 및 修·證의 문호까지도 처음부터 끝까지 원만히 성취케 하려는 것이다.

때문에 그 頓·漸을 서술한 이유는 모름지기 돈·점의 뜻을 모두 갖추어 혈맥을 연속시켜 본말의 차례를 정하도록 하려는 것이다. 본말의 차례를 볼 수 있으려면 먼저 모름지기 위의 3종의 돈설과 점설120) 및 敎에서 설명된 眞性·眞法이 본래 어디로부터 왔고 어디에서 볼 수 있는가를 推窮해야 한다. 또한 모름지기 제불이 이 敎를 설한 의도가 무엇이고 본래 무엇을 위한 것인지 우러러 관찰해야 한다. 그러면 일대장경의 시종과 본말이 일시에 통연하고 명료해진다.

또 교법이 어디로부터 왔는가를 推窮해 보면 그것은 본래 세존의 一眞心體로부터 유출되고 展轉하여 세존 당시 사람들의 귀 및 오늘날 사람들의 눈에까지 이른 것이다. 거기에서 설한 뜻도 역시 범부와 성인이 의지한 一眞心體가 인연을 따라 유출되고 展轉하여 두루 일체처와 두루 일체중생의 身心에까지 이르렀다. 다만 각각 자심의 망념을 잠재우고 如理하게 사유하면 곧 如是如是하게 현현된다(『화엄경』에서는 여시여시하게 사유하면 여시여시하게 현현한다121)고 말한다).

---

120) 一漸二頓으로서 漸敎·逐機頓敎·化儀頓敎를 가리킨다.

121) 『大方廣佛華嚴經』 卷52(大正藏10, p.273下) 내용 요약. “佛子 菩薩摩訶薩 應知心境界是如來境界 如心境界 無量無邊 無縛無脫 如來境界 亦無量無邊 無縛無脫 何以故 以如是如是 思惟分別 如是如是 無量顯現故 佛子 如大龍王 隨心降雨 其雨不從內出 不從外出 如來境界 亦復如是 隨於如是思惟分別 則有如是無量顯現 於十方中 悉無來處”

次觀佛說經本意者。世尊自云。我本意唯爲一大事因緣故
出現於世。一大事者。欲令衆生開佛知見。乃至入佛知見道
故。諸有所作常爲一事。唯以佛之知見示悟衆生。無有餘乘
若二若三。三世十方諸佛法亦如是。雖以無量無數方便種種
因緣譬喩言詞而爲衆生演說諸法。是法皆爲一佛乘故

다음으로 부처님이 경전을 설한 의도를 관찰한다.

세존은 스스로 다음과 같이 말한다.

"'제불세존은 오직 일대사인연 때문에 세간에 출현했다. 사
리불이여, 제불이 일대사인연으로 세간에 출현했다는 것은 무
엇일까. 제불세존은 중생이 불지견을 열어 청정을 터득게 하
려는 까닭에 세간에 출현했다. 중생이 불지견을 보게 하려는
까닭에 세간에 출현했다. 중생이 불지견을 깨치도록 하려는
까닭에 세간에 출현했다. 중생이 불지견에 들도록 하려는 까
닭에 세간에 출현했다. 사리불이여, 이것이 곧 제불이 일대사
인연 때문에 세간에 출현한 이유이다.' 부처님이 사리불에게
말했다. '제불여래는 다간 보살을 교화한다. 갖가지로 행하는
교화는 항상 한 가지를 위한 것이다. 곧 불지견을 중생에게
보여 주어 깨치도록 하는 것이다. 사리불이여, 여래는 다만 일
불승만 중생에게 설법하고 다른 가르침[乘] 곧 이승 및 삼승
은 없다. 사리불이여, 일체 시방 제불의 법도 또 그와 같다.
사리불이여, 과거의 제불이 무량·무수한 방편 및 갖가지 인
연·비유·언사로 중생에게 제법을 연설하였는데 그 법도 모
두 일불승이었다.'"[122]

故我於菩提樹下初成正覺。普見一切衆生皆成正覺。乃至普見一切衆生皆般涅槃(華嚴妙嚴品云。佛在摩竭提國菩提場中始成正覺。其地堅固金剛所成。其菩提樹高廣嚴顯。出現品云。如來成正覺時。普見衆生等。一一如文)　普見一切衆生貪恚癡諸煩惱中。有如來身智常無染汚德相備足(如來藏經文也)。無一衆生而不具有如來智慧。但以妄想執著而不證得。我欲敎以聖道令其永離妄想。自於身中得見如來廣大智慧如我無異(華嚴出現品文也。唯改當字爲欲字。令順語勢也。法華亦云。我本立誓願。欲令一切衆。如我等無異)

그러므로 "불자여, 여래가 정각을 성취했을 때 그 몸으로 널리 일체중생이 성취한 정각을 보았고 널리 일체중생이 열반에 드는 것을 보았다."123)(『화엄경』 세주묘엄품에서는 "한때 부처님이 마갈타국 아란야 법보리도량에서 처음 정각을 이루었다. 그 땅은 견고하여 금강으로 성취되어 있었다.124) 그 보리수는 높고 넓게 장엄되어 있었다."고 말한다. 또 여래출현품에서 "여래가 정각을 성취했을 때 널리 중생이 … 했음을 보

出現於世　諸佛世尊　欲令衆生開佛知見使得淸淨故出現於世　欲示衆生佛之知見故出現於世　欲令衆生悟佛知見故出現於世　欲令衆生入佛知見道故出現於世　舍利弗　是爲諸佛以一大事因緣故出現於世　佛告舍利弗　諸佛如來但敎化菩薩　諸有所作常爲一事　唯以佛之知見示悟衆生　舍利弗　如來但以一佛乘故爲衆生說法　無有餘乘若二若三　舍利弗　一切十方諸佛法亦如是　舍利弗　過去諸佛以無量無數方便種種因緣譬喩言辭　而爲衆生演說諸法　是法皆爲一佛乘故"

123)『大方廣佛華嚴經』 卷52, 如來出現品(大正藏10, p.275上) "佛子　如來成正覺時　於其身中　普見一切衆生成正覺　乃至普見一切衆生入涅槃"

124)『大方廣佛華嚴經』 卷1, 世主妙嚴品(大正藏10, p.1中) "一時佛在摩竭提國阿蘭若法菩提場中　始成正覺　其地堅固　金剛所成"

고, ….125)"고 말한 경문과 일치한다).

"이와 같이 선남자여, 나는 佛眼으로 일체중생의 탐욕·진에·우치의 번뇌 속에 如來智·如來眼·如來身이 결가부좌하여 엄연히 부동함을 관찰한다. 선남자여, 일체중생이 비록 諸趣의 번뇌신에 있을지라도 그 여래장은 항상 염오가 없고 그 덕상의 備足은 나와 차이가 없다."126)(『대방등여래장경』의 내용이다.)

"어떤 중생도 여래의 지혜를 구비하지 못한 바가 없다. 다만 망상과 집착 때문에 그것을 증득하지 못할 뿐이다. 내가 聖道로써 가르쳐 중생으로 하여금 영원히 망상을 벗어나도록 하겠다. 곧 스스로 중생 자기에게 여래의 광대한 지혜가 있는데 그것이 여래와 차이가 없음을 보도록 하겠다."127)(『화엄경』 여래출현품의 내용이다. 오직 當字와 欲字만 고쳐 어세에 맞도록 했을 뿐이다. 『법화경』에서도 또한 "내가 과거에 세운 서원은 일체중생이 여래와 조금도 차이가 없도록 하는 것이었

---

125) 이에 해당하는 경문은 다음과 같다. "불자여 여래가 정각을 성취했을 때 그 몸으로 널리 일체중생이 성취한 정각을 보았고 널리 일체중생이 열반에 드는 것을 보았다." 『大方廣佛華嚴經』 卷52, 如來出現品(大正藏10, p.275上) "佛子 如來成正覺時 於其身中 普見一切衆生成正覺 乃至普見一切衆生入涅槃"

126) 『大方等如來藏經』(大正藏16, p.457中－下)에 의하여 내용을 보충함. "如是善男子 我以佛眼觀一切衆生 貪欲恚癡諸煩惱中 有如來智如來眼如來身 結加趺坐儼然不動 善男子 一切衆生 雖在諸趣煩惱身中 有如來藏常無染汚 德相備足如我無異"

127) 『大方廣佛華嚴經』 卷51, 如來出現品(大正藏10, pp.272下－273上)의 내용을 보충하여 설명함. "기이하고 기이하도다. 그 모든 중생이 어찌하여 여래의 지혜와 덕상을 갖추고 있으면서도 우치하고 미혹하여 알지도 못하고 보지도 못하는가. 내가 마땅히 聖道로써 가르쳐 영원히 그 망상과 집착을 벗어나도록 하겠다. 곧 중생 스스로 자신이 지니고 있는 여래의 광대한 지혜가 여래와 차이가 없음을 보도록 하겠다. 奇哉奇哉 此諸衆生 云何具有如來智慧 愚癡迷惑 不知不見 我當敎以聖道 令其永離妄想執著 自於身中 得見如來廣大智慧 與佛無異"

다."128)고 말한다.)

遂爲此等衆生於菩提場。稱於大方廣法界。敷演萬德因華
以嚴本性。令成萬德佛果。其有往劫與我同種善根。曾得我
於劫海中以四攝法而攝受者(亦妙嚴品文也)。始見我身(頻呻
三昧盧含那身)。聞我所說(說上華嚴) 卽皆信受入如來慧。乃
至逝多林我入師子頻呻三昧。大衆皆證法界。除先修習學小
乘者(佛在法華會說。昔在華嚴會中。五百聲聞如聾如盲。不
見佛境界。不聞圓融法。是也。次云。我今亦令得聞此經入
於佛慧。卽直至四十年後法華會中皆得授記。是也)。及溺貪
愛之水等者(亦出現品云。如來智慧唯於二處不能爲作生長利
益。所謂二乘。墮於無爲廣大深坑。及壞善根非器衆生。溺
大邪見貪愛之水。然亦於彼曾無厭捨。釋曰。卽華嚴所說學
小乘者。法華會中還得授記。及不在此會亦展轉令與授記
是。此云不厭捨也)

마침내 이들 중생을 위하여 보리도량에서 대방광법계에 걸
맞도록 만덕의 因行을 널리 펴고 그 葉華로 본성을 장엄하여
만덕의 불과를 성취토록 하였다. "그것은 往劫에 나와 똑같이
선근을 심었고, 일찍이 내가 겁해에 걸쳐 사섭법으로 그들을
섭수한 까닭이다."129)(이 또한 『화엄경』 세주묘엄품의 경문이다.)

"처음에 내 몸을 보고(사자빈신삼매에 들어 있는 노사나불
의 身) 내 설법을 들으면(위에서 설한 『화엄경』의 경문과 같

---

128) 『南無妙法蓮華經』 卷1(大正藏9, p.8中)

129) 『大方廣佛華嚴經』 卷2(大正藏10, p.5中)에 의하여 내용을 비교함. "이러한
    것은 모두 비로자나여래가 往昔時에 겁해에 걸쳐 보살행을 닦고 사섭법으로
    일찍이 그들을 섭수하였기 때문이다. 如是皆以毘盧遮那如來往昔之時 於劫
    海中修菩薩行 以四攝事而會攝受"

다130)) 곧 모두 信·受하여 여래지혜에 들어간다. 서다림에서 내가 사자빈신삼매에 들어가자 대중이 모두 법계를 증득한다. 다만 이전부터 소승을 修·習·學하는 자(부처님은 법화회상의 설법 및 옛날 화엄회상의 설법에서 오백 명의 성문이 귀가 먹고 눈이 멀어 佛境界를 보지 못하고 圓融法을 듣지 못했다고 설하였다. 이어서 '내가 이제 또 그들로 하여금 이『법화경』을 듣고 佛慧에 들도록 하겠다.'고 말하고 그로부터 40년 후에 법화회상에서 모두 수기를 준 것이 그것이다) 및 탐욕·애욕의 물 등에 빠진 자들은 제외된다(또한『화엄경』여래출현품에서는 '불자여, 여래의 지혜는 대약왕수와 같지만 오직 두 가지 경우에는 이익을 생장시키지 못한다. 소위 이승의 경우는 無爲의 광대한 구덩이에 빠지고 또 선근이 파괴된 非器衆生의 경우는 大邪見·貪·愛의 물에 빠지는 것을 말한다. 그러나 그들에 대해서조차 여래는 일찍이 싫어하여 저버린 적이 없었다.'131)고 말한다. 이 말을 해석하자면 다음과 같다. 곧『화엄경』에서 설했듯이 소승을 배운 까닭에 수기를 받지 못한 사람이 법화회상에서는 다시 수기를 받고, 법화회상에도 참여하지 못한 사람은 또한 展轉하여 수기를 준다고 말한 것이 곧 '여래는 일찍이 싫어하여 저버린 적이 없었다.'는 것이다)."

如是衆生。諸根鈍著樂。癡所盲。難可度脫。我於三七日。思惟如是事。我若但爲讚於佛乘。彼卽沒在苦，毀謗不

---

130)『大方廣佛華嚴經』卷67(大正藏10, p.362上) 내용 참조.

131)『大方廣佛華嚴經』卷51(大正藏51, p.272中)에 의하여 내용을 보충함. "佛子 如來智慧 大藥王樹 唯於二處 不能爲作生長利益 所謂二乘墮於無爲 廣大深阬 及壞善根非器衆生 溺大邪見貪愛之水 然亦於彼 曾無厭捨"

信故。疾入於惡道。若以小乘化。乃至於一人。我卽墮慳
貪。此事爲不可。進退難爲。遂尋念過云佛所行方便力。方
知過去諸佛皆以小乘引誘。然後令人<入?>究竟一乘。故我
今所得道。亦應說三乘。我如是思惟時。十方佛皆現梵音慰
喩我。善哉釋迦文。第一之導師。得是無上法。隨諸一切
佛。而用方便力。我聞慰喩隨順諸佛意故。方往波羅奈國轉
四諦法輪。度憍陳如等五人。漸漸諸處乃至千萬(如羊車也)。
亦爲求緣覺說十二因緣(如鹿車也)。亦爲求大乘者說六波羅蜜
(如牛車也。此上皆當第一密意依性說相敎。此上三車皆是宅
中。指云在門外者。以喩權敎三乘云云)　中間又爲說甚深般
若波羅蜜。陶汰如上聲聞。進趣諸小菩薩(此當第二密意破相
顯性敎也)　漸漸見其根熟。遂於靈鷲山開示如來知見。普皆與
授阿耨多羅三藐三菩提記(究竟一乘。如四衢道中白牛車也。
權敎牛車大乘與實敎白牛車一乘不同者。三十餘本經論。具
有明文)。顯示三乘法身平等入一乘道。乃至我臨欲滅度。在
拘尸那城娑羅雙樹間。作大師子吼。顯常住法。決定說言。
一切衆生皆有佛性。凡是有心定當作佛。究竟涅槃常樂我
淨。皆令安住祕密藏中(法華且收二<三?>乘。至涅槃經方普
收六道。會權入實。須漸次故也)。卽與華嚴海會師子頻呻大
衆頓證。無有別異(法華涅槃。是漸敎中之終極。與華嚴等頓
敎。深淺無異。都爲第三顯示眞心卽性敎也)。我旣所應度者
皆以度訖。未得度者已爲作得度因緣。故於雙樹間入大寂滅
定。反本還源。與十方三世一切諸佛。常住法界常寂常照也。

　이러한 중생은 諸根이 우둔하여 욕락에 집착하며 어리석음
으로 눈이 멀어 있다. 그러므로 度脫하기가 어렵다. 그러나

내가 21일 동안 그와 같은 사실에 대하여 사유한 끝에 다음과 같이 마음먹었다. '내가 만약 佛乘만 찬탄한다면 그들 중생은 苦에 빠지고 佛乘을 훼방하며 믿지 못한 까닭에 속히 악도에 들어갈 것이다. 만약 내가 소승법으로 교화하여 내지 개인으로만 머문다면 나는 慳貪에 빠지고 말 것인데 그럴 수는 없다. 진퇴양난의 문제이다.' 마침내 과거에 부처님들이 행했던 방편을 생각하였다. 그리고는 바야흐로 과거의 제불은 모두 소승법으로 이끌어 들인 연후에 구경일승에 들도록 하였음을 알았다. 때문에 너가 지금 터득한 깨침도 또한 마땅히 삼승으로 설하리라. 내가 이와 같이 생각했을 때 시방의 제불이 모두 출현하여 범음으로 나를 慰喻하여 다음과 같이 찬탄하였다. '훌륭합니다. 석가모니여. 제일가는 도사여. 無上法을 터득하여 일체제불을 따라 방편력을 활용하십시오.' 나는 시방제불의 慰喻를 듣고 제불의 뜻을 따랐다. 때문에 바야흐로 바라나국으로 가서 사제의 법륜을 굴려서 교진여 등 다섯 비구를 제도하였다.[132] 점차 여러 군데 내지 온갖 곳에 나아갔

---

132) 『妙法蓮華經』 卷1(大正藏9, p.9下 - 10上)에 의하여 내용을 보충함. "내가 처음에 도량에 앉아 브리수를 보고 경행하면서 이십 일 일 동안 다음과 같이 깊이 사유하였다. '내가 터득한 지혜는 미묘하고 최고 가는 제일인데 중생은 諸根이 우둔하여 욕락에 집착하며 어리석음으로 눈이 멀어 있다. 이와 같은 부류를 어떻게 제도할 수 있겠는가.' 그때 모든 범왕과 제천과 제석천과 세간을 수호하는 사천왕과 대자재천왕과 기타 제천중과 백천만의 권속들이 공경하고 합장하며 예배하고 나한테 법륜을 굴려 줄 것을 청하였다. 이에 나는 다음과 같이 사유하였다. '만약 佛乘만 찬탄한다면 그들 중생은 苦에 빠져서 이 대승법을 믿지 못할 것이다. 佛乘을 타파하고 믿지 않은 까닭에 삼악도에 빠질 것이다. 그러니 나는 차라리 설법을 하지 않고 속히 열반에 들어가야지.' 그러나 과거불이 행했던 방편력을 기억하고 다음과 같이 마음먹었다. '내가 지금 터득한 깨침도 과거불처럼 마땅히 삼승법으로 설하리라.' 이와 같이 사유했을 때 시방의 제불이 모두 나타나서 범음으로 나를 慰喻하여 '훌륭합니다, 석가모니여. 제일가는 도사여. 無上法을 터득했지만 일체제불을 따라 방편력을 활용하시는구려. 저희들도 또한 도두 가장 미묘한 제일법을 터득했지만 모든 중생을

다(羊車를 말한다). 또한 연각을 구하는 자들을 위해서 십이인연을 설하였다(鹿車를 말한다). 또한 대승을 구하는 자들을 위해서 육바라밀을 설하였다(牛車를 말한다. 이상은 모두 모두 첫째의 밀의의성설상교에 해당한다. 이상 三車는 모두 집 안에서 문밖에 있는 자를 가리키는 것이다. 때문에 權敎를 삼승에 비유한 것이다).133)

중간에 또한 甚深한 반야바라밀을 설하여 위의 성문승을 도태시키고 모두 小菩薩에 나아가도록 하였다(이것은 둘째의 밀의파상현성교에 해당한다).

점점 중생의 근기가 성숙해짐을 보고 마침내 영취산에서 여

위하여 분별하여 삼승법을 설하였다네. 중생은 지혜가 적어 소승법을 좋아하여 스스로 성불하는 줄 믿지 못하네. 이에 방편으로 분별하여 諸果를 설하는 것은 되풀이하여 삼승법을 설할지라도 그것은 다만 보살을 가르치기 위함이라네.' 사리불이여, 마땅히 알아야 한다. 나는 시방제불[聖師子]의 깊고 청정하며 미묘한 음성을 듣고 기쁘게 南無佛이라 칭탄하고 또 다음과 같이 사유하였다. '내가 오탁악세에 출현했으니 제불이 설한 대로 나도 수순하여 행하리라.' 이와 같이 사유하고서 바라나시로 갔다. 제법의 적멸상은 언어로 펼 수가 없었기 때문에 방편력으로 다섯 비구에게 설하였다. 이것을 전법륜이라 말한다. 이리하여 부처님의 열반의 소리 및 다섯 아라한, 사성제의 법보, 다섯 명의 승보의 차별명칭이 존재하게 되었다. 구원겁 이래로 열반법을 찬탄하여 생사고를 영원히 제거하기 위하여 나는 늘 이와 같이 설하였다. 我始坐道場　觀樹亦經行　於三七日中　思惟如是事　我所得智慧　微妙最第一　衆生諸根鈍　著樂癡所盲　如斯之等類　云何而可度　爾時諸梵王　及諸天帝釋　護世四天王　及大自在天　并餘諸天衆　眷屬百千萬　恭敬合掌禮　請我轉法輪　我卽自思惟　若但讚佛乘　衆生沒在苦　不能信是法　破法不信故　墜於三惡道　我寧不說法　疾入於涅槃　尋念過去佛　所行方便力　我今所得道　亦應說三乘　作是思惟時　十方佛皆現　梵音慰喻我　善哉釋迦文　第一之導師　得是無上法　隨諸一切佛　而用方便力　我等亦皆得　最妙第一法　爲諸衆生類　分別說三乘　少智樂小法　不自信作佛　是故以方便　分別說諸果　雖復說三乘　但爲敎菩薩　舍利弗當知　我聞聖師子　深淨微妙音　喜稱南無佛　復作如是念　我出濁惡世　如諸佛所說　我亦隨順行　思惟是事已　卽趣波羅奈　諸法寂滅相　不可以言宣　以方便力故　爲五比丘說　是名轉法輪　便有涅槃音　及以阿羅漢　法僧差別名　從久遠劫來　讚示涅槃法　生死苦永盡　我常如是說"

133) 『妙法蓮華經』 卷2(大正藏9, p.12下) 내용 요약.

래의 지견을 開·示·悟·入하도록 하여 널리 모두에게 아뇩다라삼먁삼보리의 수기를 주었다(구경일승을 가리킨다. 마치 네거리에 있는 白牛車와 같다.[134] 權敎의 牛車인 대승은 實敎의 大白牛車一乘과 같지 않다. 30여 部의 경론에 자세하게 설명한 글이 있다). 이것은 삼승의 법신은 평등하여 一乘道에 들어감을 현시한 것이다.

내가 멸도하려는 즈음에 이르러 구시나가라성 사라쌍수 사이에서 대사자후를 하여 상주법신을 드러내어 결정적으로 一切衆生悉有佛性을 설하였다. 무릇 佛心이 있으므로 반드시 당래에 부처가 되어 열반의 상·낙·아·정을 완성하여 모두 비밀장에 안주토록 하는 것이었다(『법화경』에서는 삼승을 섭수한다. 『열반경』에 이르러서 바야흐로 널리 六道를 섭수한다. 이것은 權을 모아서 實에 들어가는 것은 모름지기 점차여야 하기 때문이다). 이에 화엄회상의 사자빈신삼매 가운데서 대중이 頓證한 것과 차별이 없다(『법화경』과 『열반경』은 점교의 종극으로 『화엄경』 등의 돈교와 차이가 없다. 모두 셋째의 현시진심즉성교이다).

내가 이미 제도할 자는 모두 제도를 하였다.[135] 그리고 아직 제도받지 못한 자를 위해서도 이미 제도받을 인연을 준비해 두었다. 때문에 사라쌍수 사이에서 大寂滅定에 들어가 反本還源하여 시방삼세의 일체불과 더불어 법계에 상즈하여 常寂·常照한다.[136]

---

134) 『妙法蓮華經』 卷2(大正藏9, p.12下) 내용 요약.

135) 『佛垂般涅槃略說敎誡經(亦名佛遺敎經)』, (大正藏12, p.1110下)

136) 종밀은 이 단락에서 『법화경』·『화엄경』·『열반경』 등의 경문을 겨러 군데에서 발췌하여 설명하고 있다.

評曰。上來三紙全是於諸經中錄佛自言也。但以抄錄之故。不免於連續綴合之處。或加減改換三字兩字而已。(唯敘華嚴處一行半。是以經題<題 - ?>顯佛意。非佛本語也)。便請將佛此自述本意判前三種敎宗。豈得言權實一般。豈得言始終二法。禪宗例敎。誰謂不然。竊欲和會。良由此也。誰聞此說而不除疑。若猶執迷。則吾不復也。

평하여 말한다.

위의 단락에서 언급한 부분[137]은 제경에서 부처님 자신이 말씀하신 것을 기록한 것이다. 다만 초록한 것이기 때문에 연속하여 연결된 부분에는 부득이 몇 글자를 加減하고 改換하지 않을 수 없었다(오직 『화엄경』에서 一行半 곧 "이들 중생을 위하여 보리도량에서 대방광법계에 걸맞도록 만덕의 因行을 널리 펴고 그 葉華로 본성을 장엄하여 만덕의 불과를 성취토록 하였다."는 부분은 경전의 뜻으로 드러낸 것으로 부처님의 본래 語는 아니다).

감히 말하건대 부처님이 여기에서 스스로 서술한 본의를 바탕으로 위의 敎의 三敎를 판별해 본다면 그것이 어찌 權・實이 같다고 말할 수 있으며, 어찌 始敎・終敎가 다르다고 말할 수 있겠는가. 그리고 선의 三宗도 교에 비추어 본다면 누가 그것을 부정할 수 있겠는가. 여기에서 선・교를 화회하려는 뜻은 진실로 이와 같은 이유에서이다. 그러므로 이런 나 종밀의 의도를 듣는다면 누가 그 의심을 제거하지 못하겠는

---

137) 위의 "次觀佛說經本意者 世尊自云 … 與十方三世一切諸佛 常住法界常寂常照也" 부분을 가리킨다.

가. 그럼에도 불구하고 만약 여전히 미혹하여 집착한다면 나
는 더 이상 반복해서 설명하고 싶지 않다.

10. 敎法의 구성

然上所引。佛自云。我見衆生皆成正覺。又云。根鈍癡
盲。語似相違。便欲於其中次第通釋。恐間雜佛語文相交
加。今於此後。方始全依上代祖師馬鳴菩薩。具明衆生一心
迷悟本末始終悉令顯現。自然見全佛之衆生。擾擾生死。全
衆生之佛。寂寂涅槃。全頓悟之習氣。念念攀緣。全習氣之
頓悟。心心寂照。卽於佛語相違之處。自見無所違也。謂六
道凡夫三乘賢聖根本悉是靈明淸淨一法界心性覺寶光各各圓
滿。本不名諸佛。亦不名衆生。但以此心靈妙。自在不守自
性。故隨迷悟之緣。造業受報。遂名衆生。修道證眞。遂名
諸佛。

그런데 위의 인용에서 부처님께서 "내가 살펴보니 중생이
모두 정각을 성취하였다."138)고 말하는가 하면 또 "중생은 근
기가 우둔하여 어리석고 눈이 멀어."139)라고 말씀하셨다. 여기
에 표현된 말을 보면 서로 어긋나는 듯 보인다. 그 이유는 인
용하는 문장 속에서 차저로 통석하려고 했기 때문이다.140) 괜

---

138) "불자여, 여래가 정각을 성취했을 때 그 몸으로 널리 일체중생이 성취한 정각
　　을 보았고 널리 일체중생이 열반에 드는 것을 보았다."는 대목이다.

139) "중생은 諸根이 우둔하여 욕락에 집착하며 어리석음으로 눈이 멀어 있다."는
　　대목이다.

140) 어떤 사실을 설명하려는 과정에서 여러 가지 경문을 뒤섞어 인용하다 보니 서

히 부처님 말씀만 번잡스럽고 경문도 뒤섞이게 만들어 버린 꼴이 되었다.

이제 이하에서는 바야흐로 上代의 조사인 마명보살이 중생의 일심에 대하여 구체적으로 설명해 놓은 迷·悟·本·末·始·終에 전적으로 의거하여 그 모두를 드러내 보인다. 이로써 자연히 부처의 속성을 온전히 지니고 있는 중생이 생사에 윤회하고, 중생의 속성을 온전히 지니고 있는 부처가 적적하게 열반하며, 돈오의 속성을 온전히 지니고 있는 습기가 온갖 緣에 반연하고, 습기의 속성을 온전히 지니고 있는 돈오가 온갖 心에 적조하여 언뜻 서로 어긋나 보이는 佛語조차도 바야흐로 저절로 서로 어긋나지 않음이 드러난다.

말하자면 육도의 범부 및 삼승의 현성도 근본은 모두 영명하고 청정하여 동일한 법계심이다. 그리고 성품을 깨친 靈光은 각각 원만하여 본래 제불이라 일컬을 것도 없고 또한 중생이라 일컬을 것도 없다. 다만 그 心이 영묘하고 자재하여 자성을 고집하지 않을 뿐이다. 때문에 迷·悟의 인연을 따라 업을 짓고 과보를 받으면 곧 중생이라 말하고, 수도하여 진성을 깨치면 곧 제불이라 말한다.

又雖隨緣而不失自性。故常非虛妄。常無變異不可破壞。唯是一心。遂名眞如。故此一心常具眞如生滅二門。未曾暫闕。但隨緣門中凡聖無定。謂本來未曾覺悟。故說煩惱無

로 앞뒤가 맞지 않은 듯이 보이는 경문이 인용되었다는 것을 가리킨다. 이것은 표현된 경문의 문자보다 내용을 명확하게 전달하려는 과정에서 나타나는 것이기 때문에 이하에서 『대승기신론』을 인용하여 둘 사이에 모순이 없음을 설명하게 된다.

始。若悟＜後＋？＞修證即煩惱斷盡。故說有終。然實無別始覺亦無不覺。畢竟平等。故此一心法爾有眞妄二義。二義復各二義。故常具眞如生滅二門。各二義者。眞有不變隨緣二義。妄有體空成事二義。謂由眞不變故妄體空爲眞如門。由眞隨緣故妄成事爲生滅門。以生滅即眞如。故諸經說。無佛無衆生。本來涅槃常寂滅相。又以眞如即生滅故。經云。法身流轉五道。名曰衆生。

또한 비록 隨緣할 뿐이지 자성을 잃지 않기 때문에 늘 허망하지도 않고 늘 변이가 없기 때문에 파괴되지도 않는다. 오직 이와 같은 일심만을 진여라 말한다. 그래서 이 일심은 늘 진여문과 생멸문을 갖추고 있으면서 일찍이 잠시도 진여와 생멸을 벗어난 적이 없다. 무릇 隨緣門에는 범·성이 결정되지 않는 법이다. 말하자면 본래 일찍이 覺·悟하지 못한 까닭에 번뇌를 無始라고 설할 뿐이다. 만약 悟後하여 修·證하면 번뇌가 모두 단제되기 때문에 번뇌를 有終이라 설한다. 그리하여 실제로는 달리 시각도 없고 또한 불각도 없어 필경에 평등하다. 그러나 원래 이 일심은 法爾하여 眞·妄의 두 가지 뜻이 있다. 진·망에는 또 각각 두 가지 뜻이 있다. 그래서 늘 진여문과 생멸문을 갖추고 있다.

각각 두 가지 뜻이 있다는 것은 眞에는 불변과 수연의 뜻이 있고, 妄에는 無體即空과 有用成事의 뜻이 있음을 가리킨다. 말하자면 眞如는 불변이기 때문에 妄識은 체가 없어 본래 공하다는 것은 진여문이고, 眞如가 수연하기 때문에 妄識의 작용도 성사된다는 것은 생멸문이다. 생멸이 곧 진여이기 때문에 제경에서는 "부처도 없고 중생도 없다. 본래 열반으로

늘 적멸한 모습이다.”고 설한다. 또 진여가 곧 생멸이기 때문
에 경전에서는 “본래법신이 五道에 유전하는 것을 중생이라
한다.”고 말한다.

1) 迷十重

　既知迷悟凡聖在生滅門。今於此門具彰凡聖二相。卽眞妄
和合非一非異。名爲阿賴耶識。此識在凡本來常有覺與不覺
二義。覺是三乘賢聖之本。不覺是六道凡夫之本。今且<先
＋?>示凡夫本末。總有十重(今每重以夢喩側注一一合之)

　이미 미·오·범·성은 생멸문에 달려 있는 줄을 알았다.
그러므로 이제 생멸문의 경우 범·성의 두 가지 모습에 대하
여 자세하게 말하겠다.

　眞과 妄이 화합되어 동일하지도 않고 다르지도 않는 것을
아뢰야식이라 한다.141) 이 아뢰야식이 범부의 경우는 본래부
터 늘 覺·不覺의 뜻이 있다. 覺은 삼승현성의 근본이고, 不
覺은 육도범부의 근본이다.

　이제 먼저 범부의 경우 本·末에 모두 열 가지가 있음을
현시한다(여기에서는 매번 거듭해서 꿈의 비유로 側注를 붙이
면서 낱낱이 합치되도록 한다).

　一謂一切衆生雖皆有本覺眞心(如一富貴人端正多智自在宅
中住)。二未遇善友開示。法爾本來不覺(如宅中人睡自不知
也。論云。依本覺故而有不覺也)。三不覺故法爾念起(如睡法

---

141) 『大乘起信論』(大正藏32, p.585下)

爾有夢。論云。依不覺故生三種相。此是初一)。四念起故有
能見相(如夢中之想)。五以有見故根身世界妄現(夢中別見有
身在他鄕貧苦。及見種種好惡事境。六不知。此等從自念
起。執爲定有。名爲法執(正夢時。法爾必執所見物。爲實有
也)。七執法定故便見自他之殊。名爲我執(夢時必認他鄕貧苦
身。爲己本身)。八執此四大爲我身故。法爾貪愛順情諸境欲
以潤我。嗔嫌違情諸境恐損惱我。愚癡之情種種計校(此是三
毒。如夢在他鄕所見違順等事。亦貪嗔也)。九由此故造善惡
等業(夢中或偸奪打罵。或行恩布德)。十業成難逃。如影響應
於形聲。故受六道業繫苦樂相(如夢因偸奪打罵。彼＜被?＞捉
枷禁決罰。或因行恩。得報擧薦拜官署職)。此上十重生起次
第。血脈連接行相甚明。但約理觀心而推照。卽歷然可見。

첫째, 말하자면 일체중생에게는 비록 모두 본각진성이 있지
만(마치 어떤 부귀한 사람이 端正하고 多智하여 자재하게 집
에 머무는 경우와 같다)

둘째, 아직 선우의 개시를 만나지 못하여 법이하게 본래 불
각한 상태이다(마치 집 안에 있는 사람이 잠들어 있어 모르고
있는 경우와 같다. 논에서는 "본각에 의거하여 불각이 있다."[142]
고 말한다).

셋째, 불각의 상태이므로 법이하게 망념이 일어나고(마치
잠이 들면 법이하게 꿈을 꾸는 것과 같다. 『논』에서는 "불각에
의거하므로 무명업상·능견상·경계상의 삼종상이 발생한다."[143]
고 말한다. 셋째의 경우는 삼종상 가운데 무명업상이다)

---

142) 『大乘起信論』(大正藏32, p.575中)
143) 『大乘起信論』(大正藏32, p.577上)

넷째, 망념이 일어나므로 능견상이 있다(마치 꿈속에서 망상 피우는 것과 같다).

다섯째, 능견이 있으므로 根身·世界가 망심으로 현현한다(마치 꿈속에서 현실과 달리 자신이 타향에서 貧·苦함을 보고 갖가지 好·惡의 경계를 보는 것과 같다).

여섯째, 이와 같은 것이 自念에서 일어나는 줄을 모르고 실제로 있다고 집착하는데 이것을 법집이라 말한다(마치 꿈에서는 법이하게 꿈속에서 본 것에 오로지 집착하여 실유로 간주하는 것과 같다).

일곱째, 제법을 실재라고 집착하므로 곧 자·타의 분별을 보는데 이것을 아집이라 말한다(마치 꿈에 타향에서 겪는 貧·苦의 몸을 인식하여 자기의 本身으로 간주하는 것과 같다).

여덟째, 四大에 집착하여 자신의 몸으로 간주하므로 법이하게 제멋대로 모든 경계를 탐욕한다[貪欲]. 그것으로 자신을 삼으려 하기 때문에 마음에 거슬리는 모든 경계에 화내고 싫어하며 자기에게 해코지를 하지 않을까 의심한다[瞋恚]. 때문에 어리석은 마음으로 갖가지 계교를 부린다[愚癡](이것이 삼독심이다. 마치 꿈에 타향에서 경험하는 갖가지 違·順의 경계에 대해서도 역시 탐욕 부리고 성내는 것과 같다).

아홉째, 이런 까닭에 선·악의 갖가지 업을 짓는다(마치 꿈에 도둑질하거나 폭력을 휘두른다거나 은혜를 베풀거나 덕을 베푸는 경우와 같다).

열째, 업을 지으면 과보를 벗어나기 어렵다. 마치 그림자와 메아리가 형체와 소리에 상응하는 것과 같다. 그러므로 육도의 업계고락상을 받는다(마치 꿈에 도둑질하거나 폭력을 휘두른 까닭에 체포되어 족쇄를 차고 벌을 받는다거나, 은혜를 베풀어 과보를 받은 까닭에 추천을 받아 관직에 나아가는 경우와 같다).

위의 열 가지 경우는 생기하는 차제이다. 마치 혈맥이 연결되어 있는 것처럼 行相이 대단히 분명하다. 다만 도리에 의거하여 마음을 관찰하여 推照하면 곧 역연하게 볼 수 있다.

2) 悟十重

次辨悟後修證。還有十重。翻妄卽眞。無別法故。然迷悟義別順逆次殊。前是迷眞逐妄。從微細順次生起。展轉至麤。後乃悟妄歸眞。從麤重逆次斷除。展轉至細。以能翻之智。自淺之深。麤障易遣。淺智卽能翻故。細惑難除。深智方能斷故。故後十從末逆次。翻破前十。唯後一前二有少參差。下當顯示

다음으로 오후의 수증을 판별하는데 여기에도 또 열 가지가 있다. 망념을 뒤집어 진성에 즉하면 육도범부와 삼승현성의 법이 다를 것이 없다. 그러나 엄연히 미·오의 뜻도 다르고 순·역의 차제도 다르다.

위의 凡夫迷重[迷十重]의 경우는 진성에 미혹하여 망념을 좇은 까닭에 미세로부터 순차적으로 생기하고 展轉하여 麤重에 이르렀다. 그러나 여기 賢聖悟重[悟十重]의 경우는 망념을 깨쳐 진성으로 돌아간 까닭에 麤重으로부터 역차즈으로 단제하고 展轉하여 미세에 이른다.

망념을 뒤집는 지혜는 얕은 것으로부터 깊은 곳에 나아간

다. 그것은 거친 번뇌는 쉽게 제거할 수 있어 얕은 지혜로도
뒤집을 수 있지만 미세한 번뇌는 제거하기 어려워 깊은 지혜
로만 바야흐로 단제할 수 있기 때문이다. 때문에 여기 賢聖悟
重[悟十重]의 열 가지 경우는 末로부터 本에 이르는 역차적
으로 凡夫迷重[迷十重]의 열 가지 경우를 뒤집는다. 다만 賢
聖悟重의 첫째와 凡夫迷重의 둘째의 경우는 이 원칙에 약간
벗어나기 때문에 이하에서 현시한다.

禪源諸詮集都序　卷下之一
『선원제전집도서』 권하의 제일

『禪源諸詮集都序』 卷下之二

- 藉教悟宗
- 『都序』 편찬의 의의

：『禪源諸詮集都序』卷下之二
『선원제전집도서』 권하의 제이

唐 圭峰山 沙門 宗密 述

당 규봉산 사문 종밀이 서술하다.

十重者。一謂有衆生遇善知識。開示上說本覺眞心。宿世曾聞今得解悟(若宿生未聞。今聞必不信。或信而不解。雖人人等有佛性。今現有不信不悟者。是此類也)。四大非我。五蘊皆空。信自眞如及三寶德(信自心本不虛妄。本不變異故曰眞如。故論云。自信己性知心妄動無別<前?>境界。又云。信心有四種。一信根本。樂念眞如。二信佛。有無量功德常念親近供養。三信法。有大利益常念修行。四信僧。能修正行自利利他常樂親近。悟前一翻前二成此第一重也)。

열 가지는 다음과 같다.

첫째, 어떤 중생은 迷十重의 첫째에 해당하는 본각진심을 설하는 선지식을 만나면 숙세에 일찍이 들었던 까닭에 금방 解悟를 터득한다(만약 숙생에 듣지 못한 경우라면 지금 듣는다 해도 절대 믿지 못한다. 설사 믿는다 해도 알지 못한다. 비록 모든 사람에게 불성이 있다고는 하더라도 지금 믿지 못하고 알지 못하는 사람이 나타나는 경우는 바로 이런 부류에 속한다).

그리하여 사대는 我가 아니고 오온은 모두 공하여 자신의 진여 및 삼보의 공덕을 믿는다(自心은 본래 허망하지 않고 본래 변이가 없음을 믿기 때문에 진여라 한다. 때문에 『논』에서는 "스스로 자기의 성품을 믿어 훈습이 心의 妄動임을 알면 이전의 경계가 없다."[144]고 말한다. 또 "신심에 네 가지가 있다. 첫째는 근본을 믿는다. 이것은 기꺼이 진여를 염하는 것이다. 둘째는 佛에게 무량한 공덕이 있음을 믿는다. 이것은 늘 염하여 친근하고 공양하는 것이다. 셋째는 法에 대이익이 있음을 믿는다. 이것은 늘 염하여 수행하는 것이다. 넷째는 僧은 잘 수행하고 제대로 자리이타 함을 믿는다. 이것은 늘 기꺼이 친근하는 것이다."[145]고 말한다. 이것은 미십중의 첫째를 깨우쳐 미십중의 둘째를 뒤집는 것인데 悟十重의 첫째를 성취하는 것에 해당한다).

二發悲智願誓證菩提(發悲心者欲度衆生。發智心者欲了達一切法。發願心者欲修萬行以資悲智)

둘째, 悲・智・願을 내어 보리를 증득한다(자비심을 내는 것은 중생을 제도하려는 것이다. 지혜심을 내는 것은 일체법을 요달하려는 것이다. 서원심을 내는 것은 만행을 닦아 悲・智를 도우려는 것이다).

---

144) 『大乘起信論』(大正藏32, p.578中)
145) 『大乘起信論』(大正藏32, p.581下)

三隨分修習施戒忍進。及止觀等增長信根(論云。修行有
五。能成此信。止觀合爲一行。故六度唯成五也)

셋째, 자기의 능력에 따라 施·戒·忍·進·止·觀 등을
수습하여 信根을 증장한다(『논』에서는 수행에 五行이 있어야
信을 성취한다고 말한다.146) 여기에서는 止·觀을 합하여 선
정·지혜의 하나로 간주하기 때문에 비록 육바라밀이지만 다
섯 가지 형태로 구성되어 있다).

四大菩提心從此顯發(以上三心開發。論云。信成就發心者
有三種。一者直心。正念眞如法故。二者深心。樂集147)諸善
行故。三發148)大悲心。欲拔一切衆生苦故)

넷째, 대보리심은 이로부터 발현된다(위의 悲心·智心·願
心이 개발된다. 『논』에서는 "信을 성취하는 발심에는 세 가지
가 있다. 첫째는 直心인데 진여법을 바르게 염하는 것이다.
둘째는 深心인데 기꺼이 모든 선행을 모으는 것이다. 셋째는
발대비심인데 일체중생의 고뇌를 없애 주려는 것이다."149)고
말한다).

五以知法性無慳等心(等者貪欲嗔恚懈怠散亂愚癡

---

146) 『대승기신론』의 내용 발췌
147) 1493년 전라도 고산 佛名山 花巖寺 重刊本 및 明 萬力 4년(조선 선조 9년
1576년)본에는 '習'이다.
148) 1493년 전라도 고산 佛名山 花巖寺 重刊本 및 明 萬力 4년(조선 선조 9년
1576년)본에는 '發'이 없다.
149) 『大乘起信論』(大正藏32, p.581下)

다섯째, 법성에는 慳 等의 心이 없음을 안다(慳 等이란 탐욕·진에·해태·산란·우치를 가리킨다).

六隨順修行六波羅蜜定慧力用(初修名止觀。 成就名定慧)。我法雙亡(初發心時。 已約敎理觀二執空。 今卽定慧力觀自覺空也)。 無自無他(證我空五)。 常空常幻(證法空六色不異空空不異色。 故常空常幻也)

여섯째, 지·관을 수순하여 육바라밀을 수행하고 정·혜의 力用으로(처음의 수행은 지관이라 하고, 수행이 성취되면 정혜라 한다) 我·法이 모두 사라지고(초발심하는 때 이미 교리에 의거하여 아집과 법집이 공한 줄을 관찰하고, 지금은 정·혜의 역용에 즉하여 自覺조차 공한 줄을 관찰한다[150]) 자·타가 없어(아공을 증득한 것으로 위의 다섯째에 해당한다) 늘 空이고 늘 幻이다(법공을 증득한 것으로 여기 여섯째에 해당한다. 색이 공과 不異하고 공이 색과 不異하므로 常空이고 常幻이다).

七於色自在一切融通(迷時不知從自心變。 故不自在。 今因二空智達之故融通也)。

일곱째, 色에 자재하여 일체에 융통한다(미혹했을 경우는 自心의 변화를 모르기 때문에 不自在이지만 지금은 아공·법공의 지혜로 自心의 변화에 통달했기 때문에 융통이다).

---

150) 아집과 법집이 공하다고 자각하는 것도 역시 공하다고 관찰하는 것을 가리킨다.

八於心自在無所不照(旣不見心外別有境界。境界唯心。故
自在也)

여덟째, 心에 자재하여 비추지 못함이 없다(이미 마음 밖에
달리 경계가 있다고 보지 않는다. 경계가 유심이므르 자재하다).

九滿足方便一念相應。覺心初起心無初相。離微細念心卽
常住。直覺於迷源。名究竟覺(從初發心卽修無念。至此方得
成就。成就故卽入佛位也)

아홉째, 방편을 모두 갖추어 일념에 상응하므로 망심이 처
음에 일어나더라도 처음이라는 相이 없음을 알아차리고, 나아
가 미세한 망념을 벗어나 진심이 상주하므로 미혹의 근원을
直覺한다. 이것을 구경각이라 한다151)(초발심부터 곧 무념을
닦고 내지 여기에 이르러 바야흐로 구경각을 성취한다. 구경
각을 성취하므로 佛位에 卽入한다).

十心旣無念。則無別始覺之殊。本來平等同一覺故。冥於
根本眞淨心源。應用塵沙。盡未來際常住法界。感而卽通。
名大覺尊。佛無異佛是本佛。無別新成故。普見一切衆生皆
同成等正覺。

열째, 心이 무념의 상태가 되면 특별히 시각과 다를 바가
없다. 본래 평등하고 등일한 覺이기 때문에 근본의 眞淨心의
근원에 명합한다. 따라서 응용이 塵沙와 같아 미래제가 다하

---

151) 『大乘起信論』(大正藏32, p.576中)

도록 법계에 상주하고 일체 근기에 감응하여 卽通하므로 대각존이라 한다.

佛은 다름 아닌 佛로서 본래불일 뿐이다. 달리 新熏으로 성취된 佛은 없다. 그래서 널리 일체중생을 보는 순간 모두 똑같이 등정각이 성취된다.

3) 迷十重과 悟十重의 관계

故迷與悟各有十重順逆相翻。行相甚顯。此之第一對前一二。此十合前第一。餘八皆從後逆次翻破前八。一中悟前第一本覺。翻前第二不覺。前以不覺乖於本覺。眞妄相違故開爲兩重。今以悟卽冥符。冥符相順無別始悟。故合之爲一。又若據逆順之次。此一合翻前十。今以頓悟門中理須直認本體。翻前本迷故對前一二(上云。參差。卽是此也)。二中。由怖生死之苦發三心自度度他故。對前第十六道生死。三修五行翻前第九造業。四三心開發翻前第八三毒(悲心翻瞋智心翻癡願心翻貪)。五證我空翻前第七我執。六證法空翻前第六法執。七色自在翻前第五境界。八心自在翻前第四能見。九離念翻前第三念起。故十成佛佛無別體。但是始覺。翻前第二不覺。合前第一本覺。始本不二。唯是眞如顯現。名爲法身大覺。故與初悟無二體也。順逆之次參差正由此矣。一卽因該果海。十卽果徹因源。涅槃經云。發心畢竟二不別。華嚴經云。初發心時得阿耨菩提。正是此意。

때문에 미십중과 오십중에 대하여 각각에 순역을 서로 뒤집어 보면 행상이 매우 분명하다. 오십중의 첫째는 미십중의 첫째와 둘째에 대응하고, 오십중의 열째는 미십중의 첫째에 대응한다. 이처럼 오십중의 나머지 여덟 가지는 모두 뒤에서부터 역차적으르 미십중의 나머지 여덟 가지를 翻破한다.152)

오십중 가운데 첫째의 본각을 깨치는 것은 미십중 가운데 둘째의 불각을 뒤집은 것이다. 미십중 가운데 불각은 본각에 어긋나서 眞과 妄이 相違하므로 미십중과 오십중으로 나뉜다. 그러나 이제 깨치고 코면 곧 딱 부합한다. 딱 부합하여 相順하므로 달리 始覺[始悟]할 것이 없다. 때문에 그것이 합치되어 하나가 된다.

또한 만약 역순의 차례에 의거하면 오십중의 첫째는 미십중의 열째에 합치시켜 뒤집은 것이다. 그러나 지금의 경우는 돈오문의 도리에서 모름지기 直認한 본체를 가지고 미십중의 本迷를 뒤집은 까닭에 미십중의 첫째와 둘째에 대응한다(위에서 "다만 賢聖悟重의 첫째와 凡夫迷重의 둘째의 경우는 이 원칙에 약간 벗어나기 때문에 이하에서 현시한다."는 것에 해당한다).

오십중 가운데 둘째는 생사고가 두려워 悲心·智心·願心을 내어 自度度他를 말미암은 까닭에 미십중의 열째인 六道生死에 대응한다.

오십중 가운데 셋째의 오행을 닦는 것은 미십중의 아홉째인

---

152) 이리하여 오십중의 아홉째는 미십중의 셋째에, 오십중의 여덟째는 미십중의 넷째에, 오십중의 일곱째는 미십중의 다섯째에, 오십중의 여섯째는 미십중의 여섯째에, 오십중의 다섯째는 미십중의 일곱째에, 오십중의 넷째는 ㅁ십중의 여덟째에, 오십중의 셋째는 미십중의 아홉째에, 오십중의 둘째는 미십증의 열째에 각각 대응한다. 도표로 나타내면 다음과 같다.

迷十重 : ❶ ❸ ❹ ❺ ❻ ❼ ❽ ❾ ❿ ⓫ ⓬
       ↕ ↕ ↕ ↕ ↕ ↕ ↕ ↕ ↕ ↕ ↕
悟十重 : ⑩ ⑨ ⑧ ⑦ ⑥ ⑤ ④ ③ ② ① ①

造業을 뒤집은 것이다.

오십중 가운데 넷째의 悲心·智心·願心을 개발하는 것은 미십중의 여덟째인 삼독을 뒤집은 것이다(悲心은 瞋心을 뒤집고, 智心은 癡心을 뒤집으며, 願心은 貪心을 뒤집는다).

오십중 가운데 다섯째의 아공을 증득하는 것은 미십중의 일곱째인 아집을 뒤집은 것이다.

오십중 가운데 여섯째의 법공을 증득하는 것은 미십중의 여섯째인 법집을 뒤집은 것이다.

오십중 가운데 일곱째의 色自在는 미십중의 다섯째인 境界를 뒤집은 것이다.

오십중 가운데 여덟째의 心自在는 미십중의 넷째인 能見을 뒤집은 것이다.

오십중 가운데 아홉째의 離念은 미십중의 셋째인 起念을 뒤집은 것이다.

때문에 오십중 가운데 열째의 성불은 佛과 별체가 아니다. 다만 이 경우 始覺으로 간주하면 미십중의 둘째인 불각을 뒤집은 것으로 미십중의 첫째인 본각에 합치된다. 시각과 본각은 不二로서 오직 진여의 현현일 뿐이므로 이것을 법신대각이라 한다. 때문에 처음의 깨침과 다른 體가 아니다. 곧 順·逆의 차례에 차이가 있다는 것은 바로 이에 말미암은 것이다.

오십중의 첫째는 因[중생]이 果海[불]를 품고 있다는 것이다. 오십중의 열째는 果[불]가 因源[중생]에 통해 있다는 것이다. 『열반경』에서는 "발심과 필경의 둘은 다르지 않다."[153]고 말하고, 『화엄경』에서는 "초발심하는 때에 아뇩다라삼먁삼보

---

153) 『大般涅槃經』 卷34(大正藏12, p.838上)

리를 터득한다."[154]고 말하는 것은 바로 이런 뜻이다.

然雖順逆相對前後相照法義昭彰。猶恐文不頓書意不並顯。首尾相隔不得齊睹。今更畫之爲圖。令凡聖本末大藏經宗一時現於心鏡。此圖頭在中心云衆生心三字是也。從此三字讀之。分向兩畔。朱畫表淨妙之法。墨畫表垢染之法。一一尋血脈詳之。朱爲此○號。記淨法十重之次。墨爲此●號。記染法十重之次。此號是本論之文。此點是義說論文爾
<迷有十重 此是迷眞逐妄從微細順次生起展轉至麤之相>[155]

비록 順・逆을 相對시키고 前・後를 相照하여 法・義를 분명하게 드러냈지만 아직도 文이 정돈되지 못하고 書의 뜻도 역시 드러나지 않아 처음과 끝이 나뉘어 일목요연하지 못한 듯하다. 그래서 이제 다시 그것을 도표로 그려서 凡・聖의 本・末 및 대장경의 종지를 일시에 心鏡에 드러내 보인다.

이 도표에서 시작은 중간에 있는 衆生心의 三字이다. 중생심의 三字로부터 각각 양쪽 방향으로 나누어 읽어 간다. 붉은 동그라미는 淨妙의 법을 나타내고, 검은 동그라미는 垢染의 법을 나타낸다. 그러므로 낱낱이 맥락을 더듬어 가면 자세히 살필 수 있다.

흰색 바탕의 동그라미[156] ○ 번호[號]는 淨妙의 법으로 오십중의 차례를 표기하고, 검은 색의 동그라미 ● 번호[號]는 垢念의 법으로 미십중의 차례를 표기한다. 여기 ○ 및 ●의 동그

---

154) 『大方廣佛華嚴經』 卷8(大正藏9, p.449下)
155) 〈 〉 부분은 위의 悟十重을 설명하는 대목의 일부분이 잘못 중첩된 부분이다.
156) 본래는 붉은색 바탕의 동그라미였지만 해석상 흰색 바탕의 동그라미로 대치한다.

라미 번호[號]는『大乘起信論』의 論文을 나타내고, 여기 •의
표시[點]는 義說[157]의 論文[記文]을 나타낸다.[158]

---

157) ① 隋 慧遠 撰,『大乘起信論義疏』(4卷), ② 新羅 元曉 撰,『起信論疏』(2
卷), ③ 新羅 元曉 撰,『大乘起信論別記』(2卷), ④ 唐 法藏 撰,『大乘起信
論義記』(5卷), ⑤ 唐 法藏 撰,『大乘起信論義記別記』(1卷) 가운데 어느 것
을 가리키는지 불분명하다. 그러나『都序』본문의 도표의 구성은 ⑤ 唐 法藏
撰,『大乘起信論義記』와 일치한다.
158) 아래 도표에서는 지면의 배열 관계상 편의상 ( )번호를 붙이고 이하에서 각각
그에 해당하는 문장을 해석한다.

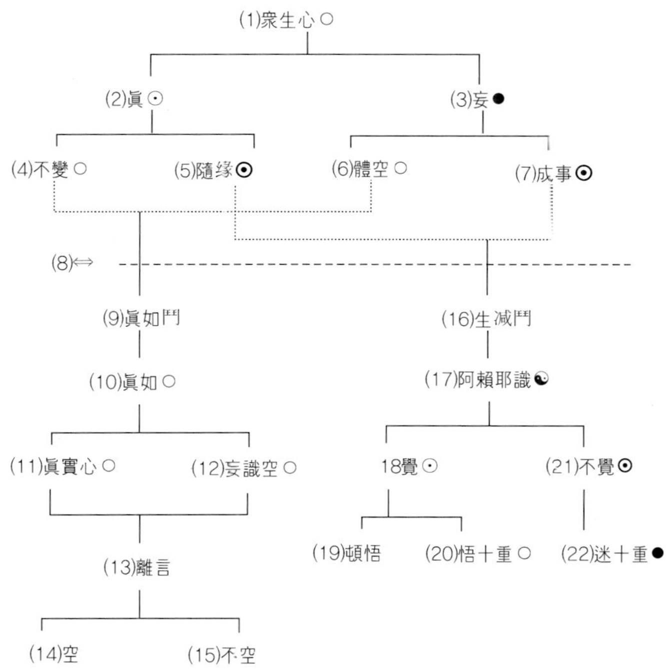

(1)衆生心 ○
(2)眞 ⊙
(3)妄 ●
(4)不變 ○
(5)隨緣 ⊙
(6)體空 ○
(7)成事 ⊙
(8)⇔
(9)眞如門
(16)生滅門
(10)眞如 ○
(17)阿賴耶識
(11)眞實心 ○
(12)妄識空 ○
18覺 ⊙
(21)不覺 ⊙
(13)離言
(19)頓悟
(20)悟十重 ○
(22)迷十重 ●
(14)空
(15)不空

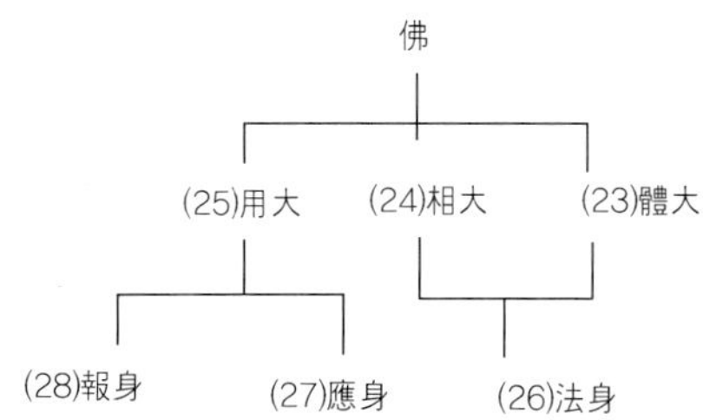

佛
(25)用大
(24)相大
(23)體大
(28)報身
(27)應身
(26)法身

(1) 衆生心 ○

經云 一實境界者 所謂衆生心 乃至心有二種 一者眞 二者
妄 論云 所言法者 謂衆生心 是心總攝一切世出世間法 依於
此心 顯示摩訶衍義

『점찰경』에서는 "一實境界는 소위 중생심이다. 내지 心에
두 가지가 있다. 첫째는 진심이고, 둘째는 망심이다."[159]고 말
한다.

『기신론』에서는 "말한 바 법은 소위 중생심이다. 이 중생심
은 일체의 세간법 및 출세간법을 총섭한다. 그러므로 중생심
에 의거하여 대승의 뜻을 현시한다."[160]고 말한다.

(2) 眞 ⊙

論云 是心從本已來 自性淸淨 蕩然空寂 了然知覺。如福
德智慧相自端嚴 富貴之人於自宅堂中寢臥 亦如曠野杌木

『기신론』에서는 "이 心은 종본 이래로 자성이 청정하다."[161]
고 말한다. 그래서 탕연하게 공적하고, 요연하게 지각한다. 마
치 복덕상과 지혜상이 본래부터 단엄한 것과 같고, 부귀한 사
람이 자기 집에서 잠을 자는 것과 같으며, 또 광야에 있는 고
자배기와 같다.

---

159) 『占察善惡業報經』卷下(大正藏17, p.907上 - 中)

160) 『大乘起信論』(大正藏32, p.575下) "摩訶衍者 總說有二種 云何爲二 一者
　　法 二者義 所言法者 謂衆生心 是心則攝一切世間法出世間法 依於此心顯
　　示摩訶衍義" 참조.

161) 『大乘起信論』(大正藏32, p.577下)

(3) 妄 ●

論云 以不達一法界故 忽然念起 名爲無明 無明所染 有其
染心 確然根身塵境 紛然分別緣慮 如上寢臥之人 夢見自身
貧賤 種種異狀 種種憂喜 又如迷上杌木 謂爲人身神鬼 不同
不睡之身 不迷之木也

『기신론』에서는 "일법계에 통달하지 못한 까닭에 心에 상
응하지 못하여 홀연히 망념이 일어난다. 이것을 무명이라 한
다."162)고 말한다. 무명에 오염된 바 染心이 있으므로 확연히
根身과 塵境이 분연히 분별하고 연려한다. 마치 침상에서 자
는 사람이 꿈에 자신의 빈천 및 갖가지 특이한 상황에서 갖가
지 근심과 기쁨을 보는 것과 같고, 또 마치 고자배기에 홀려
서 人身과 神鬼라 말하는 것과 같다. 이것은 몸이 잠들지 않
고, 고자배기에 홀리지 않는 경우와는 같지 않다.

(4) 不變 ○ 및 (6) 體空 ○
由眞不變故妄體本空爲眞如

眞이 불변을 말미암은 까닭에 妄體가 본래 공한 것을 진여
라 한다.

(5) 隨緣 ⊙ 및 (7) 成事 ⊙
由眞隨緣故妄識成事爲生滅

---

162) 『大乘起信論』(大正藏32, p.577下) "以不達一法界 故心不相應 忽然念起
名爲無明" 참조.

眞이 수연을 말미암은 까닭에 妄識이 成事되는 것을 생멸이라 한다.

(8) ⇔

此上是標位(標此圖中之位也 云衆生心者 是在纏佛性 本論及<諸＋?>經皆目 爲如來藏)及義門(眞妄下各二義 是眞如門及梨耶識根本義理)兩畔是所標心中性(眞如)相(梨耶)染(不覺位中諸法)淨(覺中諸法)法體也 迷時無漏淨妙德用 但隱而不滅故 眞如本覺在有漏識中(一切衆生皆有佛性 是此義也)悟時有漏染相必無故 無明識相妄念業果等不在眞如門也 唯淨妙德用獨在眞如心中名之爲佛也

이상 도표의 계위(이것은 圖中의 位를 標한다. 중생심이라 말한 것은 在纏位의 불성인데 『기신론』과 제경에서 모두 여래장을 가리킨다) 및 義門(眞과 妄 아래에 각각 있는 두 가지 義는 진여문과 아뢰야식[藏識]의 근본 義理이다)의 두 가지는 곧 도표로 드러낸 중생심 가운데 性(진여)·相(아뢰야)·染(不覺位의 제법)·淨(覺中의 제법)의 법체를 가리킨다.

따라서 미혹의 경우에는 無漏·淨妙의 德·用은 단지 감추어져 있을 뿐이지 사라진 것은 아니므로 진여·본각은 유루식 가운데 있다(일체중생개유불성은 바로 이 뜻이다). 그러나 깨침의 경우에는 有漏·染相이 결코 없으므로 무명의 識相·妄念·業果 등이 진여문에 없고 오직 淨妙 德用만이 홀로 진여심 가운데 있는 것을 佛이라 한다.

(9) 眞如門

(10) 眞如 ○

(11) 眞實心 ○

(心眞如者　卽是一法界　大總相法門體　所謂心性不生不滅
又云所謂心性常無念故　名爲不變)

　진실심("심진여란　곧　일법계로서　대총상법문의　체이다.　소
위　심성은　불생불멸하다."163) 또 "말하자면 소위 심성은 항상
무념이므로　불변이라　한다."164))

(12) 妄識空 ○

(一切諸法　唯依妄念而有差別　若離妄念則無一切境界之相)

　망식공("일체제법은　오직　망념에　의해서만　차별이　있을　뿐
이다. 그러므로 만약 망념을 벗어나면 곧 일체의 경계상이 없
다."165))

(13) 離言

(是故一切法從本已來　離言說相　離名字相　離心緣相　畢竟
平等　無有變異　不可破壞　唯是一心　故名眞如)

---

163) 『大乘起信論』(大正藏32, p.576上)
164) 『大乘起信論』(大正藏32, p.577下)
165) 『大乘起信論』(大正藏32, p.576上)

이언("이런 까닭에 일체법은 종본 이래로 언설상을 벗어나 있고 명자상을 벗어나 있으며 심연상을 벗어나 필경에 평등하여 변이가 없고 파괴되지 않는다. 이것은 오직 일심 뿐이다. 그러므로 진여라 한다."[166])

(14) 空 및 (15) 不空

空·不空(依言說有二種　一者如實空　以能究竟顯實故　二者如實不空　以有自體具足　無漏性功德故)

공·불공(다시 다음에 진여라 한 것은 언설에 의하여 분별하면 두 가지 뜻이 있다. 두 가지는 다음과 같다. 첫째는 여실공인데 구경에 實을 드러낸다. 둘째는 여실불공인데 자체가 있어 무루공덕의 성품을 구족한다.)[167]

(14) 空

(從本以＜已?＞來　一切染法不相應故　謂離一切差別之相　以無虛妄心念故　妄念分別　皆不相應也)

공("말한 바 공이란 종본 이래로 일체의 염법에 불상응하기 때문이다. 말하자면 일체의 차별상을 벗어나 있다. 그것은 허망한 心念이 없기 때문이다."[168] 망념과 분별은 모두

---

166) 『大乘起信論』(大正藏32, p.576上)

167) 『大乘起信論』(大正藏32, p.576上)에 의하여 내용을 보충함. "復次眞如者依言說分別有二種義　云何爲二　一者如實空　以能究竟顯實故　二者如實不空　以有自體具足無漏性功德故"

168) 『大乘起信論』(大正藏32, p.576上)에 의하여 내용을 보충함. "所言空者 從本已來一切染法不相應故　謂離一切法差別之相　以無虛妄心念故"

불상응이다.)

(15) 不空

(以有自體 具足無漏性功德故 又云已顯法體空無妄故 卽是
眞心 常恆<恒?>不變 淨法滿足 是故一切法從本已來離言說
相 離名字相 離心緣相 畢竟平等 無有變異 不可破壞 唯是
一心 故名眞如)

불공("또 진여란 언설로 분별하면 두 가지 뜻이 있다. 두
가지는 다음과 같다. 첫째는 여실공인데 구경에 實을 드러내
기 때문이다. 둘째는 여실불공인데 자체가 있어 무루성공덕을
구비했기 때문이다."169) 또 "말한 바 불공이란 법체가 공하여
허망하지 않음이 이미 드러나 있다. 이런 까닭에 진심이 常恒
不變 하여 淨法이 滿足하므로 불공이라 한다."170) "이런 까
닭에 일체법은 종본 이래로 언설상을 벗어나 있고 명자상을
벗어나 있으며 심연상을 벗어나 필경에 평등하여 변이가 없고
파괴되지 않는다. 이것은 오직 일심 뿐이다. 그러므로 진여라
한다."171))

---

169) 『大乘起信論』(大正藏32, p.576上)에 의하여 내용을 보충함. "復次眞如者
依言說分別有二種義 云何爲二 一者如實空 以能究竟顯實故 二者如實不
空 以有自體具足無漏性功德故"
170) 『大乘起信論』(大正藏32, p.576中)에 의하여 내용을 보충함. "所言不空者
已顯法體空無妄故 卽是眞心常恒不變淨法滿足 故名不空"
171) 『大乘起信論』(大正藏32, p.576上)

(16) 生滅門

(17) 阿賴耶識 ☯

(18) 覺 ⊙
(三乘賢聖之本)

(삼승현성의 근본이다.)
○ 一 悟本覺翻不覺
○ 十 成佛
○ 九 離念
○ 八 心自在
○ 七 色自在
○ 六 法空
○ 五 我空
○ 四 三心開發
○ 三 修五行
○ 二 怖苦發心

(19) 頓悟

(謂有衆生遇善知識開示 上說本覺眞心 宿世曾聞 今得悟解
四大非我 五蘊皆空 發起四種信心)(一信根本樂 念眞如法故
二信佛有無量功德 常念供養 三信法有大利益 常念修行 四
信僧<有＋?>能正修行 常樂親近 精進無怠)

(이를테면 어떤 중생이 선지식의 가르침을 만나 일찍이 숙세에 들었던 것으로 위에서 서술한 본각진심을 지금 悟解하는 것이다. 곧 사대가 我가 아니고 오온이 모두 공함을 悟解하여 4종의 신심을 발기하는 것이다. 4종의 신심은 다음과 같다. 첫째는 근본락을 믿어 진여법을 念하는 것이다. 둘째는 佛에 무량한 공덕이 있음을 믿어 항상 공양을 念하는 것이다. 셋째는 法에 대이익이 있어 항상 수행을 念하는 것이다. 넷째는 僧에 能修行이 있음을 믿어 항상 기꺼이 친근하고 정진하여 게으르지 않는 것이다.)

(20) 悟十重

(悟有十重 此是悟妄歸眞 從麤重逆次斷除展轉至細之相)

(깨침에 십중이 있다. 이것은 妄을 깨쳐 眞으로 돌아가 麤重으로부터 역차로 단제하고 展轉하여 細相에 이른다.)

○ 一頓悟本覺(悟前一翻前二爲第一重)

첫째, 본각을 돈오함(미십중의 첫째를 깨쳐 미십중의 둘째를 뒤집은 것이 오십중의 첫째이다.)

○ 二怖苦發心(發悲智願 誓證大菩提 漸修菩薩觧行 論云 發悲心者 欲度衆生 發智心者 欲了達一切 發願心者 欲修萬行 以資悲智也)

둘째, 고를 두려워하여 발심함(悲心·智心·願心을 내어

대보리의 증득을 서원하여 점차 보살의 解行을 닦는다. 『기신
론』에서는 悲心을 내는 것은 중생을 제도하려는 것이고, 智心
을 내는 것은 일체법을 요달하려는 것이며, 願心을 내는 것은
만행을 닦으려는 것이라고 말한다.)

○ 三修五行覺妄念(五行 一隨分施 二戒十惡 若出家卽習
頭陀 三忍他惱 四精進不怠 五止觀住靜 止一切境 正念唯心
觀察世間 無可愛樂 覺知前念起惡 能止後念 令其不起也)

셋째, 오행을 닦아 망념을 깨침(오행은 다음과 같다. 첫째,
역량에 따라 보시한다. 둘째, 십악을 경계한다. 출가한 경우는
두타행을 닦는다. 셋째, 남의 해코지를 참는다. 넷째, 나태하
지 않게 정진한다. 다섯째, 지관으로 고요한 곳에 머문다. 지
관문의 수행은 무엇인가. 말한 바 止는 일체의 경계상을 그쳐
奢摩他에 수순하여 관찰한다는 뜻이다. 말한 바 觀은 인연의
생멸상을 분별하여 毘鉢舍那에 수순하여 관찰한다는 뜻이다.)172)

○ 四開發(卽前悲智願心今開發也 論云 信成就發三心 一
直心 正念眞如法故 二深心 樂習諸善行故 三悲心 欲拔衆生
苦故)

넷째, 발심을 냄(위의 비심·지심·원심을 지금 개발하는
것이다.『기신론』에서는 "또 신성취발심은 어떤 心을 내는 것
인가. 간략히 설하면 세 가지가 있는데 세 가지는 다음과 같

---

172)『大乘起信論』(大正藏32, pp.581下 － 582上)에 의하여 내용을 보충함. "云
　　何修行止觀門 所言止者 謂止一切境界相 隨順奢摩他觀義故 所言觀者 謂
　　分別因緣生滅相 隨順毘鉢舍那觀義故"

다. 첫째는 직심인데 진여법을 정념하는 것이다. 둘째는 심심
인데 기꺼이 일체의 모든 선행을 모으는 것이다. 셋째는 대비
심인데 일체중생의 고통을 없애 주려는 것이다."고 말한다.)[173]

○ 五我空(離我執故 無自無他 於眞如理 深解現前 所修離
相 以知性體無慳無染 離瞋離怠 常寂常照 故隨順修行 施戒
忍進禪慧六度)

다섯째, 아공(아집을 벗어나므로 자·타가 없다. 진여의 도
리를 깊이 알고 현전하여 離相을 닦는 것이다. 성품의 바탕에
慳이 없고 染이 없으며 瞋을 벗어나 있고 怠를 벗어나 있어
常寂·常照를 알기 때문에 수순하여 施·戒·忍·進·禪·慧
의 육바라밀을 닦는다.)

○ 六法空(法無性故 常空常幻 悟色空不異也)

여섯째, 법공(제법은 자성이 없으므로 常空·常幻한다. 그
래서 色과 空이 다르지 않음을 깨친다.)

○ 七色自在(色自在地 已證境是自心所現故 於色自在融通
定慧力用 我法雙亡)

일곱째, 색자재(색자재의 경지는 경계가 곧 自心이 드러난
것임을 증득한다. 때문에 색에 자재하고 융통하여 정혜의 힘

---

173) 『大乘起信論』(大正藏32, p.580下)에 의하여 내용을 보충함. "復次信成就發
　　心者　發何等心　略說有三種　云何爲三　一者直心　正念眞如法故　二者深心
　　樂集一切諸善行故　三者大悲心　欲拔一切衆生苦故"

으로 아·법이 모두 없다.)

○ 八心自在(心自在地 不見外有定實之境故 於一切自在
無所不照)

여덟째, 심자재(심자재의 경지는 바깥에는 定實의 경계가
있다고 보지 않는다. 때문에 일체에 자재하여 비추지 못함이
없다.)

○ 九離念(滿足方便 一念相應 覺心初起 心無初相 離微細
念 心卽<得?>常住 覺於迷源 名究竟覺 從初發心 卽修無念
至此方得成就)

아홉째, 망념을 벗어남(방편을 만족하여 일념에 상응한다.
心이 처음으로 일어나는 것을 깨치지만 心에는 처음이라는
相이 없다. 미세망념을 벗어나 心은 상주를 터득한다. 미혹의
근원을 깨치므로 구경각이라 한다.)

○ 十成佛(證而實無 有始覺之異 本來平等 同一覺故 冥於
根本眞淨心源 應用塵沙 盡未來際 常住法界 感而卽通 名大
覺尊)

열째, 성불(깨치고 나면 실로 시각과 본각에 차이가 없다.
생멸이 본래 평등하여 동일한 覺이다. 때문에 근본적인 眞淨
心의 근원에 명합된다. 응용이 끝이 없어 미래제가 다하도록
법계에 상주한다. 모든 경계에 卽通한다. 이것을 대각존이라

한다.)

(21) 不覺 ◎
(六道凡夫之本)

(육도범부의 근본이다.)
● 十 六道受報
● 九 造業
● 八 三毒煩惱
● 七 執我
● 六 執法
● 五 境現
● 四 見起
● 三 念起
● 二 不覺
● 一 本覺

(22) 미십중
(迷有十重 此是迷眞逐妄 從微細順次生起 展轉至麤之相)

(미혹에 십중이 있다. 이것은 眞에 미혹하여 妄을 좇아서
미세로부터 순차적으로 생기하고 展轉하여 麤相에 이른다.)

● 一本覺(謂一切衆生皆有本覺眞心 ○如富貴人端正多智
在自宅中住也)

첫째, 본각(일체중생에게 모두 본각진심[○]이 구비되어 있다. 마치 부귀한 사람이 단정하고 지혜가 많으며 자기 집에서 머무는 것과 같다.)

● 二不覺(未遇善友開示 法爾本來不覺 不覺迷眞也 論云 不如實知眞如之法 如宅中人睡自不知也)

둘째, 불각(선지식의 가르침을 받지 못하면 법이하게 본래부터 불각이다. 『기신론』에서는 "말한 바 불각의 뜻은 진여의 법이 동일하다는 것을 여실하게 알지 못한 것이다. 때문에 불각심이 일어나 망념이 있다. 그러나 망념은 自相이 없어 본각을 벗어나지 않는다."[174]고 말한다. 마치 집에서 잠들어 있는 사람이 상황을 전혀 모르고 있는 상태와 같다.)

● 三念起(不覺故 法爾念起 如睡法爾有夢 論云 以依不覺故 心動說名爲業 三細相 此其第一也)

셋째, 염기(불각이므로 법이하게 망념이 일어난다. 마치 잠을 자면 법이하게 꿈을 꾸는 것과 같다. 『기신론』에서는 "不覺에 의거하므로 心이 動하는 것을 業이라 한다."[175]고 말한다. 三細相 가운데 이것은 첫째의 無明業相에 해당한다.)

● 四見起(念起故 有能見相 如夢中之想也 論云 以依動故

---

174) 『大乘起信論』(大正藏32, p.577上)에 의하여 내용을 보충함. "所言不覺義者 謂不如實知眞如法一故 不覺心起而有其念 念無自相不離本覺"

175) 『大乘起信論』(大正藏32, p.577上)

能見 不動則無見)

넷째, 견기(망념이 일어나므로 능견상이 있다. 마치 꿈속의
생각과 같다. 『기신론』에서는 "動하기 때문에 능견이지 不動
하면 無見이다."[176]고 말한다.

● 五境現(以有見故 根身世界妄現 如夢中別見有身在他鄉
貧苦 及見種種好惡事境)

다섯째, 경현(有見이므로 根身·世界가 허망하게 나타난다.
마치 꿈속에서 현실과 달리 자신이 타향에서 貧·苦함을 보
고 이에 갖가지 好·惡의 경계를 보는 것과 같다.)

● 六執法(不知境從自心起 執爲實有 名爲法執 如正夢時
法爾必執夢中所見之物爲實有也)

여섯째, 법집(경계가 自心에서 일어나는 줄 모르고 實有라
고 집착하는 것을 법집이라 한다. 마치 꿈에는 법이하게 반드
시 집착하는 것처럼 꿈속에서 본 것을 실유라고 간주하는 것
이다.)

● 七執我(執法定故 見自他之殊 計自爲我 名爲我執 如夢
時必認他鄉貧苦之身爲己本身也)

일곱째, 집아(제법을 실재라고 집착하므로 自·他의 분별을

---

176) 『大乘起信論』(大正藏32, p.577上)

보고 自를 我로 간주하는 것을 아집이라 한다. 마치 꿈에 타향에서 겪는 貧・苦의 몸을 인식하여 자기의 本身으로 간주하는 것과 같다.)

● 八煩惱執四大爲我身故　貪愛順情境　瞋違情境　愚癡計校　如夢在他鄉所見違順等事　亦貪瞋也)

여덟째, 번뇌(四大에 집착하여 자신의 몸으로 간주하므로 順情의 경계에 탐애하고[貪愛], 違情의 경계에 화내며[瞋恚], 어리석게 계교를 부린다[愚癡]. 마치 꿈에 타향에서 경험하는 갖가지 違・順의 경계에 대해서도 역시 탐욕 부리고 성내는 것과 같다.)

● 九造業(由三毒擊＜繫?＞發＜發－?＞故　造善惡等業。如夢中或偷奪打罵　或行恩布德等也)

아홉째, 조업(삼독심의 계박으로 말미암아 선・악의 갖가지 업을 짓는다(마치 꿈에 도둑질하거나 폭력을 휘두른다거나 은혜를 베풀거나 덕을 베푸는 경우와 같다).)

● 十受報(業成難逃　如影響應於形聲　故受六道業繫之苦已受之身　非可斷法故　無對治之法　如夢因偷奪打罵　被捉枷禁決罰　或因行恩得報　擧薦拜官署職也)

열째, 수보(업을 지으면 벗어나기 어렵다. 마치 그림자와 메아리가 형체와 소리에 상응하는 것과 같다. 그러므로 육도의

업계고락상을 받는다. 이미 받은 몸은 단제할 수 없는 법이므
로 대치할 법도 없다. 마치 꿈에 도둑질하거나 폭력을 휘두른
까닭에 체포되어 족쇄를 차고 벌을 받는다거나, 은혜를 베풀
어 과보를 받은 까닭에 추천을 받아 관직에 나아가는 경우와
같다.)

(25) 法身(眞如自體相者　有大智慧光明　遍照法界　眞實識
知　常樂我淨等義故　具足如是　過恆<恒?>沙不思議佛法　滿
足無有所少　名爲如來法身也)

　법신("또 진여자체상은 일체의 범부·성문·연각·보살·제
불의 경우에 증감이 없어 이전에 생겨난 것도 아니고 이후에
멸하는 것도 아니다. 필경에 常恒하여 본래부터 종본이래로 자
성에 일체의 공덕을 갖추고 있다. 소위 자체에 대지혜광명의
뜻이 있고, 법계를 두루 비추는 뜻이 있으며, 진실하게 識知하
는 뜻이 있고, 자성청정심의 뜻이 있으며, 상·낙·아·정의
뜻이 있고, 청량·불변·자재의 뜻이 있다. 이와 같이 항하사
를 능가하는 不離·不斷·不異·不思議한 佛法을 갖추고 만
족하여 부족한 바가 없기 때문에 여래장이라 하고 여래법신이
라 한다."177))

---

177) 『大乘起信論』(大正藏32, p.579上)에 의하여 내용을 보충함. "復次眞如自體
　　相者　一切凡夫聲聞緣覺菩薩諸佛無有增減　非前際生非後際滅　畢竟常恒
　　從本已來性自滿足一切功德　所謂自體有大智慧光明義故　遍照法界義故　眞
　　實識知義故　自性淸淨心義故　常樂我淨義故　淸涼不變自在義故　具足如是
　　過於恒沙不離不斷不異不思議佛法　乃至滿足無有所少義故　名爲如來藏　亦
　　名如來法身"

(23) 體大

(24) 相大

(25) 用大

(26) 법신(眞如用者　諸佛本在因地　行六波羅蜜　攝化衆生
大方便智　除滅無明　見本法身　自然而有不思議業用　遍一切
處　隨其衆生見聞得益)

법신("또 진여의 작용은 다음과 같다. 소위 제불여래께서
본래 因地에서 대자비를 일으켜 모든 바라밀을 닦아 중생을
교하고자 대서원을 세웠다. 그리하여 모든 중생계를 해탈시키
고자 하였고, 또 겁수를 한정하지 않고 미래제가 다하도록 일
체중생을 자기의 몸처럼 하였으며, 또 중생상을 내지도 않는
다. 왜냐하면 곧 일체중생과 자기의 몸이 진여평등 하여 다름
이 없는 줄 여실하게 알기 때문이다. 이러한 대방편지혜가 있
기 때문에 無明을 멸제하고 본래법신에 처음부터 지니고 있
는 부사의업의 갖가지 작용이 진여와 동등하게 일체처에 두루
함을 보고도 또한 본다는 상도 내지 않는다. 왜냐하면 제불여
래는 오직 法身智相의 몸으로서 제일의제에는 세제의 경계가
없어 모든 施作을 벗어나 있으면서도 단지 중생의 見·聞·得
益을 따르기 때문에 진여의 작용이라 한다.")178)

---

178) 『大乘起信論』(大正藏32, p.579中)에 의하여 내용을 보충함. "復次眞如用者
　　　所謂諸佛如來　本在因地發大慈悲　修諸波羅蜜攝化衆生　立大誓願盡欲度脫
　　　等衆生界　亦不限劫數盡於未來　以取一切衆生如己身故　而亦不取衆生相

(27) 應身(依凡夫二乘心所見者　名爲應身　以不知轉識現故
見從外來　取色分齊　不能盡知故)

　응신("진여의 작용이 두 가지가 있다. 두 가지는 다음과 같
다. 첫째는 분별사식에 의한 작용이다. 곧 범부심 및 이승심으
로 보는 것을 응신이라 한다. 轉識이 현현한 것을 모르기 때
문에 밖에서 온다고 여기고 색의 분제를 취한다. 이것은 다
알지 못한 까닭이다."[179])

(28) 報身(依諸菩薩　從初發意乃至十地心所見者　名爲報身
身有無量色　色有無量相　相有無量好　所住依界　亦有無量種
種莊嚴　隨所示現　卽無有邊　不可窮盡。皆由無漏行熏及本覺
熏之所成就　具足無量樂相　故名爲報也)

　보신("둘째는 업식에 의한 작용이다. 말하자면 모든 보살이
초발의부터 보살의 구경지에 이르기까지 마음으로 본 바를 보
신이라 한다. 身에는 무량한 色이 있고, 色에는 무량한 相이
있으며, 相에는 무량한 好가 있고, 머무는 바 依果에도 또한
무량하고 갖가지 장엄이 있다. 따라서 시현하는 바가 無有邊
하고, 不可窮하며, 모든 分齊相을 벗어나고, 응하는 바를 따
라 항상 住持하여 不毀하고 不失하다. 이와 같은 공덕은 다

　　此以何義　謂如實知一切衆生及與己身眞如平等無別異故　以有如是大方便
　　智　除滅無明　見本法身　自然而有不思議業種種之用　卽與眞如等遍一切處
　　又亦無有用相可得　何以故　謂諸佛如來唯是法身智相之身　第一義諦無有世
　　諦境界　離於施作　但隨衆生見聞得益故說爲用"
179)『大乘起信論』(大正藏32, p.579中)에 의하여 내용을 보충함. "此用有二種
　　云何爲二　一者依分別事識　凡夫二乘心所見者　名爲應身　以不知轉識現故
　　見從外來　取色分齊不能盡知故"

모든 바라밀의 無漏行熏과 不思議熏을 因하여 성취된 것이
다. 이로써 무량한 樂相을 갖춘 까닭에 報身이라 설한다.”180)

11. 藉敎悟宗

詳究前述諦觀此圖。對勘自他及想賢聖。爲同爲異。爲眞
爲妄。我在何門。佛在何位。爲當別體。爲復同源。卽自然
不執著於凡夫。不僭濫於聖位。不耽滯於愛見。不推讓於佛
心也。然初十重是一藏經所治法身中(第一重)　煩惱之病生起
元由(次三重)　漸漸加增(我法二執)　乃至麤重(三毒造業)　慧滅
(受報)之狀。後十重是法身信方服藥(前三重汗出＜汗出－？＞)
汗出病差(菩提心開發)　將理方法(六波羅蜜)　漸漸減退(從六至
九)　乃至平復(成佛)之狀　如有一人(在纏法身)　諸根具足(恒沙
功德)　强壯(常住不變妄不能染)　多藝(恒沙妙用)　忽然得病(無
始無明)　漸漸加增(其次七重)　乃至氣絶(第十重)　唯心頭暖(賴
耶識中無漏智種)　忽遇良醫(大善知識)　知其命在(見凡夫人卽
心是佛)　强灌神藥(初聞不信頻就不捨)　忽然蘇醒(悟解)　初未
能言(初悟之人未能說法答他問難皆悉未得)　乃至漸語(能說法
也)　漸能行履(十地十波羅蜜)　直至平復(成佛)　所解伎藝無所
不爲(神通光明一切種智)。以法一一對合。何有疑而不除也。
卽知一切衆生不能神變作用者。但以業識惑病所拘。非已法

---

180) 『大乘起信論』(大正藏32, p.579中－下)에 의하여 내용을 보충함. “二者依於
　　 業識　謂諸菩薩從初發意　乃至菩薩究竟地心所見者　名爲報身　身有無量色
　　 色有無量相　相有無量好　所住依果亦有無量種種莊嚴隨所示現卽無有邊不
　　 可窮盡離分齊相　隨其所應常能住持不毀不失　如是功德皆因諸波羅蜜等無
　　 漏行熏　及不思議熏之所成就具足無量樂相故　說爲報身”

身不具妙德。今愚者難云。汝旣頓悟卽佛。何不放光者。何
殊令病未平復之人。便作身上本藝。然世醫處方必先候脈。
若不對病狀輕重。何辨方書是非。若不約痊愈淺深。何論將
理法則。法醫亦爾。

전술한 것을 자세히 궁구하고 이 도표를 분명히 관찰하여
자타를 對勘함으로써 자기가 현성과 같은가 다른가, 眞에 속
하는가 妄에 속하는가, 자기는 어느 門에 속하고 부처는 어느
位에 속하는가, 자기가 부처와 別體인가 또 同源인가를 생각
해야 한다. 그러면 자연히 범부에 執著하지 않고 聖位에 僭
濫하지 않으며 애견어 耽滯하지 않고 불심에 推讓하지 않게
된다.

따라서 미십중은 일대장경에서 대치해야 하는 법신 속의(제
일중) 번뇌의 병통이 생기하는 근본적인 연유(저이중·제삼
중·제사중)가 점점 증가하여(아집과 법집) 추중(삼독심으로
짓는 업)에 이르러 지혜가 멸하는(과보를 받는 것) 상태가 된다.

오십중은 법신의 처방을 믿고 약을 복용하여(제일중·제이
중·제삼중) 담이 나고 병에 차도가 있는 것이다(보리심을 개
발하는 것). 이것은 도리에 맞는 방법을 통하여(육바라밀) 점
점 병을 물리쳐(제육중 … 제구중) 본래의 상태를 회복하는
것이다(성불하는 것). 이것은 마치 어떤 사람이(在纏位의 법
신) 제근을 구족하고(항사의 공덕) 강건하여(법신이 상주불변
하여 妄이 염오시키지 못하는 것) 다재다능하지만(항사의 묘
용) 홀연히 병에 걸려(무시이래의 무명) 점점 도져(제칠중) 기
절한 것과(제십중) 같다. 그러나 심장만 뛰고 있다가(아뢰야식
가운데 있는 무루지혜의 종자) 문득 훌륭한 의사를 만나(대선

지식) 목숨이 살아 있음을 알아(범부인이 즉심시불인 줄을 아
는 것) 간신히 신약을 먹고(처음에는 법문을 듣고도 믿지 않
더라도 자주 설하여 믿게 하는 것) 홀연히 소생한다(깨치는 것).

처음에는 말도 하지 못하다가(처음에 깨친 사람은 아직 설
법도 하지 못하고, 설령 남의 질문에 답해도 모두가 완전하지
는 않는 것) 점차 말을 하고(설법할 줄 아는 것) 점차 몸을 움
직여(십지·십바라밀) 곧바로 평소의 상태를 회복하게 되면(성
불) 알고 있던 재능을 하지 못할 것이 없다(신통광명과 일체
종지).

미십중과 오십중의 법을 낱낱이 배대하면 제거하지 못할 의
심이 어디 있겠는가. 이로써 곧 일체중생의 경우 신통변화의
작용이 없었던 것은 다만 業識과 惑病에 얽매여 있었을 뿐이
지 이미 법신으로서 묘덕을 갖추지 못한 것이 아니었음을 알
수 있다.

그런데도 오늘날의 어리석은 자들은 "그대가 이미 돈오한
부처라면 어찌 방광을 하지 못하는가."라고 힐난한다. 이것은
병에서 아직 완전히 회복하지 못한 사람에게 본래부터 지니고
있는 재능을 펼쳐 보이라고 하는 것과 무엇이 다르겠는가.

세간에서는 의사가 처방을 내릴 경우 반드시 먼저 맥을 진
단한다. 만약 병의 증상에 대하여 輕重을 모른다면 어찌 처방
전의 시비를 판별할 수 있겠는가. 만약 병의 치유에 대한 深
淺을 모른다면 어찌 도리에 맞는 처방법을 논하겠는가. 법으
로 치유하는 경우도 또한 이와 마찬가지이다.

故今具述迷悟各十重之本末。將前經論統三種之淺深。相

對照之。如指其掌。勸諸學者。善自安心。行卽任隨寄一
門。解卽須通達無礙。又不得慮其偏局。便瀁蕩無所指歸。
須洞鑒源流。令分菽麥。必使同中見異異處而同。鏡像千
差。莫執好醜。鏡明一相。莫忌靑黃。千器一金雖無阻隔。
一珠千影元不混和。建志運心等虛空界。防非察念在毫釐
間。見色聞聲。自思如影響否。動身擧意。自料爲佛法否。
美膳麤餐。自想無嫌愛否。炎涼凍暖。自看免避就否。乃至
利衰毀譽稱譏苦樂。一一審自反照實得情意一種否。

때문에 여기에서 미십중과 오십중의 본·말을 자세하게 서
술한 것이다. 이에 위의 경론[敎]을 가지고 삼종[禪]을 통틀어
심·천을 서로 대조해 보면 마치 손바닥을 가리키듯이 분명
하다. 이에 모든 학자들 스스로 안심을 터득해야 할 것을 권
한다. 그러면 行을 어느 門에 맡기더라도 解가 모름지기 통달
무애할 것이다. 또한 그것에 偏局하면 곧 指歸할 바가 없어지
지나 않을까 염려하지 말아야 할 것을 권한다.

모름지기 원류를 꿰뚫어 菽麥을 분별해서 반드시 同處에서
異處를 가려보고 異處에서 同處를 가려보아야 한다. 거울에
비친 모습은 천차만별해도 好·醜에 집착하지 말고, 거울에
비친 모습이 동일해도 靑·黃을 꺼리지 말아야 한다. 온갖 그
릇이 동일한 금으로서 차별이 없을지라도 하나의 구슬에 비친
온갖 모습은 원래 뒤섞이지 않는다.

그러므로 허공처럼 평등하게 뜻을 세우고 마음을 부리며,
잠시도 방심하지 말고 잘못을 방지하며 마음을 살펴야 한다.
이를테면 색을 보고 소리를 들으면 그것이 그림자와 메아리와
같지 않은가를 사유하고, 몸을 움직이고 뜻을 내면 불법을 위

한 것이 아닌가를 헤아리며, 맛있거나 거친 음식을 대하면 싫어하거나 좋아함이 없는가를 생각하고, 춥거나 따뜻함을 대하면 회피하거나 다가감이 없는가를 살펴보며, 利·衰·毁·譽·稱·譏·苦·樂의 팔풍에 대하여 낱낱이 살펴서 실로 중생심을 품고 있지 않은가를 스스로 반조해야 한다.

必若自料未得如此。卽色未似影。聲未似響也。設實頓悟終須漸修。莫如貧窮人終日數他寶自無半錢分。六祖大師云。佛說一切法。爲度一切心。我無一切心。何須一切法。今時人但將此語輕於聽學。都不自觀實無心否。若無心者。八風不能動也。設習氣未盡。嗔念任運起時。無打罵雠他心。貪念任運起時。無營求令得心。見他榮盛時。無嫉妒求勝心。一切時中於自已無憂饑凍心。無恐人輕賤心。乃至種種此等亦得名爲無一切心也。此名修道。若得對違順等境。都無貪嗔愛惡。此名得道。各各反照。有病卽治。無病勿藥。問貪嗔等卽空便名無一切心。何必對治。答若爾汝今忽遭重病痛苦。痛苦卽空。便名無病。何必藥治。須知貪嗔空而能發業。業亦空而能招苦。苦亦空只麽難忍。故前圖中云。體空成事(如杌木上鬼全空。只麽驚人。得奔走倒地。頭破額裂)若以業卽空。空只麽造業。卽須知地獄燒煮痛楚亦空。空只麽楚痛。若云亦任楚痛者。卽現今設有人以火燒刀斫。汝何得不任。今觀學道者。聞一句違情語猶不能任。豈肯任燒斫乎(如此者十中有九也)

만약 정히 이와 같이 스스로 헤아리지 못한다면 색은 그림자와 같지 않고 소리는 메아리와 같지 않을 것이다. 설령 실제로 돈오했다손 치더라도 종국에는 반드시 점수해야 한다. 빈궁한 사람이 종일토록 남의 보배만 헤아려도 자기 몫은 반 푼어치도 없는 것처럼 되어서는 안 된다.

육조 대사는 "부처님께서 설한 일체법은 일체심을 건지기 위함이었다. 그런데 나에게는 일체심이 없는데 어찌 일체법을 설할 필요가 있겠는가."[181]라고 말했다. 그런데 요즈음 사람들은 다만 이 말씀을 가벼이 여겨 聽·學할 뿐 도무지 자신의 경우 실로 무심한가를 관찰할 줄을 모른다.[182]

만약 무심하다면 팔풍도 흔들지 못한다. 설령 아직 습기가 남아 있어서 수시로 嗔念이 일어날 때도 남을 때리고 욕하면서 원수같이 대하는 마음이 없고, 수시로 貪念이 일어날 때도 무엇을 얻으려는 마음이 없으며, 남이 잘되는 것을 볼 때도 질투로 이기려는 마음이 없고, 일체시에 자기가 굶주리거나 추위에 떠는 것을 걱정하는 마음이 없으며, 남이 므시해도 두려워하는 마음이 없다. 이에 이와 같은 갖가지 마음을 無一切心이라고도 하고, 修道라고도 한다. 그리고 만약 違·順의 경계에 대하여 전혀 貪·嗔·愛·惡가 없으면 得道라 한다. 그러므로 각자 반조하여 병이 있으면 다스리고 병이 없으면 약을 쓰지 마라.

問貪嗔等卽空便名無一切心。何必對治。

答若爾汝今忽遭重病痛苦。痛苦卽空。便名無病。何必藥

---

181) 육조혜능의 말에는 보이지 않고 대신에 圭峯宗密과 거의 동시대를 살았던 黃檗斷際의 『黃檗山際禪師傳心法要』(大正藏48, p.381中) 및 『黃檗斷際禪師宛陵錄』(大正藏43, p.384中) 등에 보인다.

182) 말만 취하고 뜻을 돌아보지 않는 것을 가리킨다.

治。須知貪嗔空而能發業。業亦空而能招苦。苦亦空只麽難忍。故前圖中云。體空成事(如机木上鬼全空。只麽驚人。得奔走倒地。頭破額裂)　若以業卽空。空只麽造業。卽須知地獄燒煮痛楚亦空。空只麽＜招來＋?＞楚痛。若云亦任楚痛者。卽現今設有人以火燒刀斫。汝何得不任。今觀學道者。聞一句違情語猶不能任。豈肯任燒斫乎(如此者十中有九也)

묻는다 : 탐・진 등이 공하면 곧 무일체심이라 말합니다. 그런데 어찌 대치할 필요가 있습니까.

답한다 : 만약 그렇다면 그대가 지금 홀연히 중병에 걸려 고통을 받을 경우에도 고통이 공하여 병이 없다고 해야 한다. 그런데 어찌 약으로 다스릴 필요가 있겠는가. 모름지기 탐・진이 공하더라도 업을 일으키고, 업 또한 공하더라도 고통을 초래하며, 고통 또한 공하더라도 참기가 어려운 줄을 알아야 한다. 그러므로 위의 도표에서 體空과 成事를 말하였다(고자배기에 붙어 있는 귀신이 모두 공하더라도 사람을 놀래키므로 달아나다가 넘어져 머리와 이마가 깨진다).

만약 업은 곧 공하더라도 그 공이 이처럼 업을 짓는다. 그러므로 모름지기 지옥에서 불에 타는 고초 역시 공하더라도 그 공이 고초를 초래하는 것을 알아야 한다.

만약 또한 고초에 맡겨 둔다고 하자.[183] 현재 어떤 사람이 그대를 불로 태우고 칼로 도려낸다고 할 경우 그대는 어째서 그대로 내버려 두지 않는가. 마찬가지로 오늘날 학도자들을 보면 자기 마음에 거슬리는 말 한마디만 들어도 그대로 참지

---

[183] "만약 또한 그대의 말처럼 고초가 공하다 해서 고초를 느끼는 마음까지도 공한 것이라 말한다고 하자."는 것을 가리킨다.

못한다. 그러니 그대라면 어찌 불로 태우고 칼로 도려내는 경우 그대로 내버려 둘 수 있겠는가(이런 사람이 십중팔구이다).

12. 『都序』 편찬의 의의

問上來所敍三種敎三宗禪。十所以十別異輪迴及修證。又各十重理無不窮事無不備。研尋玩味足可修心。何必更讀藏經及集諸禪偈數過百卷。答衆生惑病各各不同。數等塵沙。何唯八萬。諸聖方便有無量門。一心性相有無量義。上來所述但是提綱。雖統之不出所陳。而用之千變萬勢。況先哲後俊各有所長。古聖今賢各有所利。故集諸家之善。記其宗徒。有不安者亦不改易。但遺闕意義者注而圓之。文字繁重者注而辨之。仍於每一家之首注評大意。提綱意在張網。不可去網存綱(華嚴云。張大敎網。漉人天魚。置涅槃岸)　擧領意在著衣。不可棄衣取領。若但集而不敍。如無綱之網。若但敍而不集。如無網之綱。思而悉之不煩設難。然剋已獨善之輩。不必遍尋。若欲爲人之師。直須備通本末。好學之士披閱之時。必須一一詳之。是何宗何敎之義。用之不錯皆成妙藥。用之差互皆成反惡。

묻는다 : 전술한 敎의 三種·禪의 三宗·열 가지 所以·열 가지 別異·輪迴·修證에는 또 각각 십중이 있어 理가 다하지 않음이 없고 事가 다하지 않음이 없다. 그래서 그것을 硏尋하고 玩味하면 그것으로 마음을 닦는 데 충분하다. 그런데 어찌 장경과 수백 권이 넘게 모아 둔 모든 선게를 다시 읽을

필요가 있는가.

답한다 : 중생의 번뇌는 각각 달라서 헤아려 보면 끝이 없다. 어찌 팔만 가지 뿐이겠는가. 때문에 제 성인의 방편도 무량한 문이 있고, 일심의 性·相에도 무량한 뜻이 있다. 비록 위에서 서술한 것은 다만 提綱이었을 뿐이다. 그래서 그것을 통합하면 미십중과 오십중으로 진술한 바를 벗어나지 않을지라도 그것을 활용하자면 千變·萬勢가 된다. 더구나 先哲과 後俊들에게는 각각 빼어난 점이 있고, 古聖·수賢들에게는 각각 예리한 점이 있다.

때문에 諸家의 훌륭한 점을 모으고 諸家의 종도들을 기록하였다. 이에 불안을 혹 느끼는 자가 있더라도 고치지 않았다. 다만 意義에 벗어난 것에 대해서만 주석을 붙여 원만하게 하였고, 문자가 번거로운 것은 주석을 붙여 분명하게 하였다. 또한 매 일가마다 첫머리에 주석을 붙여 대의를 비평하였다. 벼리를 치켜든 의도는 그물을 펼치려는 것이므로 그물을 버리고 벼리만 남겨 둘 수는 없는 노릇이고(『화엄경』에서는 "大敎의 그물을 펴는 것은 人·天의 물고기를 걸러서 열반의 언덕에 두고자 함이다."184)고 말한다), 옷깃을 치켜드는 의도는 옷을 걸치려는 것이므로 옷을 버리고 옷깃만 취할 수는 없는 노릇이다.

만약 모으기만 하고 서술하지 않는다면 벼리가 없는 그물과 같고, 만약 다만 서술만 하고 모으지 않는다면 그물이 없는 벼리와 같다. 이 도리를 생각해 보고 궁구해 보면 번거롭게 힐난할 것이 아니다. 그러므로 만약 剋己·獨善의 사람이라

---

184)『大方廣佛華嚴經』卷59(大正藏10, p.314下) 참조.

면 널리 찾을 필요가 없겠지만, 만약 남의 스승이 되고자 하
는 사람이라면 곧바로 모름지기 본·말에 잘 달통해야 한다.
만약 好學의 사람이라면 『都序』를 열람할 때 모름지기 '이것
은 선의 어떤 宗旨이고 이것은 교의 어떤 종류의 뜻인가.'를
일일이 자세하게 살펴보아야 한다. 그것을 활용함에 잘못이
없으면 묘약이 되지만 그것을 활용함에 서로 어긋나면 모두
도리어 악이 될 뿐이다.

然結集次第不易排倫。據入道方便卽合。先開本心。次通
理事。次讚法勝妙呵世過患。次勸誡修習。後示以對治方便
漸次門戶。今欲依此編之。乃覺師資昭穆顚倒交不穩便。且
如六代之後。多述一眞。達摩大師卻教四行。不可孫爲部
首。祖爲末篇。數日之中思惟此事。欲將達摩宗枝之外爲
首。又以彼諸家所教之禪。所述之理。非代代可師。通方之
常道。或因以彼修鍊功至證得。卽以之示人(求那慧稠臥輪之
類)。或因聽讀聖教生解。卽以之攝衆(慧聞禪師之類)。或降
其跡而適性。一時間警策群迷(志公傅大士王梵志之類)。或高
其節而守法。一國中軌範僧侶(廬山遠公之類)。其所製作。或
詠歌至道。或嗟歎迷凡。或但釋義。或唯勵行。或籠羅諸
教。竟不指南。或偏讚一門。事不通衆。雖皆禪門影響佛法
笙簧。若始終依之爲釋迦法。卽未可也(天台言教廣本＜大？＞
雖備有始終　又不在此集之內)

그러나 『도서』를 결집하는 데에 배열하고 순서를 정하는
것이 쉬운 것만은 아니었다. 입도하는 방편에 의거하자면 첫
째로는 곧 本·心을 열고, 다음에 理·事를 통하게 하며, 이

어서 법의 勝·妙를 찬탄하고, 세간의 過·患을 타이르며, 다음에 修·瞥할 것을 권계하며, 둘째로는 곧 대치하는 방편으로 점차 문호를 제시해야 한다.

그러나 이와 같은 순서에 의하여 『도서』를 편집하다 보니 이에 師·資의 관계가 뒤바뀌기도 하고 뒤섞이기도 하여 온당하지 않음을 알았다. 가령 육대 이후에 대부분이 一眞을 서술했지만 이전의 달마 대사는 도리어 四行을 가르쳤기 때문에 후손을 『도서』의 머리에 놓고 조상을 『도서』의 말미에 두는 격이 되어 그럴 수는 없었다. 며칠 동안 이것만 생각하다가 달마종의 부류 이외에 속하는 것을 머리에 두려고 하였다. 그렇지만 그것 또한 諸家에서 가르치는 선 및 諸家에서 서술한 도리의 경우 대대로 스승의 가르침으로 어디에나 통하는 常道가 될 수는 없었다.

어떤 경우는 저 수련하는 공능을 인하여 증득에 도달하는 것으로 사람들에게 제시하는 것이었고(구나발타라·혜조(僧稠)·와륜 선사 등의 부류), 어떤 경우는 성인의 가르침을 독송하고 듣는 것을 인하여 이해하는 것으로 대중을 섭수하는 것이었으며(혜문 선사의 부류), 어떤 경우는 신통을 드러내어 성품에 맞추어 일시적으로 어리석음을 일깨워 주는 것이었고 (지공·부대사·왕범지의 부류), 어떤 경우는 절개가 높고 계법을 지켜 일국에서 모범적인 승려가 되는 것이었으며(여산혜원의 부류), 어떤 경우는 저술을 통하여 至道를 노래하든가 迷凡을 한탄하든가 단지 뜻만을 해석할 뿐이라든가 오직 수행을 권장하는 것 뿐이었고, 어떤 경우는 諸敎를 모았을 뿐이지 구경에 指南이 되지 못하는 것이었으며, 어떤 경우는 一門

에만 치우쳐 찬탄하여 보편성이 없었다.

비록 이들 모두가 선문[禪]에 영향을 주고 불법[敎]에 공헌을 했을지라도 만약 시종 그것에 의지하는 것만으로 석가모니의 법을 삼는다면 그것은 올바른 도리가 아니다(때문에 가령 천태의 가르침이 광대하여 불법의 시종을 구비했다 할지라도 그 역시 이 『도서』에는 수록되지 못했다).

以心傳嗣。唯達摩宗。心是法源。何法不備。所修禪行似局一門。所傳心宗實通三學。況覆尋其始(始者迦葉阿難)　親稟釋迦。代代相承一一面授。三十七世(有云。西國已有二十八祖者。下祖傳序中。即具分析)　至於吾師(緬思何幸得爲釋迦三十八代嫡孫也)　故今所集之次者先錄達摩一宗。次編諸家雜述。後寫印一宗聖敎。聖敎居後者。如世上官司文案曹判爲先。尊官判後也(唯寫文剋的者十餘卷也)　就當宗之中。以尊卑昭穆展轉綸緒而爲次第。其中頓漸相間。理行相參。遞相解縛。自然心無所住(淨名云。貪著禪昧＜味?＞是菩薩縛。以方便生是菩薩解。又瑜伽說悲增智增。互相解縛)　悟修之道既備。解行於是圓通。次傍覽諸家以廣聞見。然後捧讀聖敎。以印始終。豈不因此正法久住。在余之志雖無所求。然護法之心。神理不應屈。我繼襲之功。先祖不應捨我。法施之恩。後學不應辜我。如不辜不屈不捨。即願共諸同緣。速會諸佛會也

그러나 심법으로 제자에게 사법한 것은 오직 달마종 뿐이었다. 心은 법의 근원이므로 어떤 법인들 갖추지 못하겠는가. 닦아 가는 禪行은 일문에 국한되는 듯 보이지만 전승되는 心

宗은 실로 삼학에 통한다. 더욱이 다시 선의 시원을 추구해 보면(시원은 가섭과 아난을 가리킨다) 친히 석가모니로부터 이어받아 대대상승하고 일대일로 면수하여 삼십 칠 세(어떤 사람은 인도에 이미 28조사가 있었다고 말한다. 이것은 그 후 대 육조 대사의 전기에서 자세히 분석되어 있다)로 우리 스승 에게까지 이르렀다(생각해 보면 석가모니의 제28대 적손이라 는 것이 얼마나 다행스러운가[185]).

이런 까닭에 『도서』를 편집하는 차례로 먼저 달마의 일종 을 기록하고, 다음으로 諸家의 雜述한 것을 편집하였으며, 나 중에 일종을 인가하는 성인의 가르침을 옮겨 보았다. 성인의 가르침을 나중에 배치한 것은 마치 세간의 관청 공문에서 낮 은 관리가 먼저 기안을 하고 높은 관리가 나중에 결재하는 것 과 같다(오직 요점만 옮겨 기록한 것이 10여 권이다).

본 달마종에서는 스승과 제자가 서로 展轉하는 순서를 가 지고 차례를 삼는다. 그런 가운데서 頓·漸이 서로 융화하고 理·行이 서로 어울려 번갈아 결박을 풀어 주기 때문에 자연 히 마음에 맺히는 바가 없다(『정명경』에서는 "그저 禪味에 탐 착하는 것은 보살의 결박이지만 방편으로 선미에 탐착하는 것 은 보살의 해탈이다."고 말한다.[186] 또 『유가론』에서 설하는 자비의 증장과 지혜의 증장이야말로 상호 결박을 해탈시키는 것이다).

---

185) 규봉 종밀은 자신이 하택종의 조사이고 적통이라는 것을 은근히 드러내는 대목
    이다. 곧 선종의 초조 마하가섭으로부터 제33세 혜능 – 제34세 신회 – 제35세
    법여 – 제36세 남인 – 제37세 도원 – 제38세 종밀 등으로 계승되었음을 가리킨
    다. 한편 제34세 정중신회 – 제35세 남인 – 제36세 도원 – 제37세 종밀 등으로
    계승되는 법계도 주장되어 전승한다.
186)『維摩詰所說經』卷中(大正藏14, p.545中)

悟·修의 길이 이긔 갖추어져 있으면 解·行이 원통해진다. 다음으로 諸家의 견해를 아울러서 견문을 넓힌다. 연후에 성인의 가르침을 받들어 읽어서 시종을 증명한다. 그러면 어찌 정법이 오랫동안 머무는 因이 되지 않겠는가. 이리하여 비록 내가 마음으로 추구하는 바가 없을지라도 호법하는 마음만큼은 귀신의 이치로도 나를 결코 굴복시키지 못하고, 내가 계승한 공덕은 선조들도 나를 저버리지 못하며, 법을 베푼 은덕은 후손들도 나를 나무라지 못한다. 이처럼 나무라지 못하고 굴복시키지 못하며 저버리지 못하게 되어 모두 똑같은 인연으로 속히 제불의 회상에 모이기를 바라는 바이다.

禪源諸詮集都序 卷下之二
『선원제전집도서』 권하의 제이

김호귀

▌약 력

　동국대학교 선학과 즐업
　동국대학교 대학원 석사 · 박사 졸업
　동국대학교 불교문화연구원 연구교수
　동국대학교 선학과 강사

▌저서 및 역서

　『묵조선 연구』
　『묵조선의 이론과 실제』
　『묵조선 입문』
　『선문답의 세계』
　『선문답 강화』
　『선과 수행』
　『조동선요』
　『화두와 좌선』

　『게송으로 풀이한 금강경』
　『금강반야경소』
　『금강경찬술』
　『금강경주해』
　『금강경약소』
　『열반경종요』
　『현대와 선』
　『선가귀감』

　기타 다수의 논문

　kimhogui@hanmail.net

선과 교의 통로

초판인쇄 | 2010년 5월 25일
초판발행 | 2010년 5월 25일

지은이 | 규봉종밀
옮긴이 | 김호귀
펴낸이 | 채종준
펴낸곳 | 한국학술정보㈜
주   소 | 경기도 파주시 교하읍 문발리 파주출판문화정보산업단지 513-5
전   화 | 031) 908-3181(대표)
팩   스 | 031) 908-3189
홈페이지 | http://www.kstudy.com
E-mail | 출판사업부 publish@kstudy.com
등   록 | 제일산-115호(2000. 6. 19)

ISBN   978-89-268-1046-0 03220 (Paper Book)
        978-89-268-1047-7 08220 (e-Book)